ライブエンターテイメントへの回帰

映像から二・五次元へ　アニメライブミュージカル概論

公野　勉著

風塵社

はじめに

本書で採り上げるのは近年、ムーヴメントとなっている、ある意味では技術革新に逆行する流れである。それは〝二・五次元ミュージカル〟や〝アニメライブ〟と呼称される、ライブエンターテイメントである。マンガやゲームを原作とし、あるいはそれらを原作とした二次制作物としてのアニメーションをさらに原作として、舞台、ミュージカルなどのライブエンターテイメントを展開している、新進のコンテンツである。

残念ながら先行研究はない。

というのも、文化論的アプローチの記事や書籍はこれまで量産されてきたし、業界団体から産業全体としての大本営発表的数値は報告されてきた。表向きは飾り付けられた舞台美術のごとく華やかではあるが、実際の実務上の諸問題は舞台裏に放置され、決して人目にはつかなかったからである。制作現場に事情をアプローチしたものや単体の事業成績統計数を含む情報は、なかなか内部に在する者からの報告でなければ難しい。幸いなことに筆者は出自がコンテンツの制作畑であったため、恒常的にそれらに触れ続けられる僥倖に恵まれたことが発刊の理由となっている。

顧客心理の分析アプローチとして東園子のテキストがある。二〇一六年に発表された氏の「二・五次元ファンの舞台の見方～宝塚ファンとの比較から～」[1]は、はこれまでおざなりであった同産業の顧客動向に焦点を当て、そのメカニズムを解明していて素晴らしい。とかくコンテンツは評論と作品論、あるいは人気だけが先行し、大切な市場や事業へは光が当てられることが少ないが、氏の言及は後続の同系コンテンツにとって「ファンにとってキャラクターの実在感こそが事業の成否」という、コンテンツビジネスにとって極めて正当な分析であり、重要な示唆をなしている。

その顧客の動向や性質の検証は氏のテキストを尊重し、当書ではむしろその製作・制作的状況と環境の分析に主眼を置きたいと考えている。そうすることにより後続商品や、製造工程における制作環境の向上に繋がると考えるからだ。

いずれの時代もエポックメイキングは突然登場する。いきなり、「0→1」のごとく空間に発生する。日本の文化史のなかでも恐らく、能や歌舞伎、ストーリーマンガなどがそうだったであろう。私の本務であった映画も約一二〇年前のある日突然、撮影機材・上映機材と共に興行場所へ登場した。テレビコンテンツも放送電波というプラットフォームが先行して生まれ、〝映画のような劇映像〟が求められた結果、映画の文法によるテレビドラマが制作されて今日のように大量にオンエアされるに至った。このように多くの場合、それらは技術革新に伴って誕生する。SNS動画サイトに投稿されるコンテンツも、パーソナルな映像撮影・編集環境が構築され、市民にその技術が行き渡ったために可能となり、現在の大きなムーヴメントとなった。

本来、演劇や歌唱などの演芸的なライブエンターテイメントとは、人類史上、相当に原初的なエンターテイメントであり、ほぼ人類の歴史と重なる形で進化、脈流を受け継いできた。体系化された歴史もとても古く、文化や国家、時代によってさまざまな流れも生まれており、その巨木に茂る枝葉のすべてを解説するには、とても紙数が足りない。本書で採り上げたいのはそれらの旧来のものではない、まさに「0→1」のジャンルであり、ゆえに先行研究がないとも書いたのである。またそれゆえに、参照先もインターネット情報が主となっている。

この画期的なコンテンツは現在、年ごとにさまざまな局面を迎えつつ動員を伸長させており、ビデオグラム（VG）の存在意義の喪失と共に欠損してしまった、売上の代替ポートフォリオとして期待をもって捉えられている。しかし「舞台化すれば客が入る」と安易に考えた迂闊な参入により、さらなる赤字を抱えてしまう事業者も少なくない。そしてその成長の過程には、コンテンツ産業自体が抱える、ある深刻な問題が潜んでおり、それは同産業の危機なのか、あるいは未来への道筋なのか、賛否の分かたれる部分である。

幸いなことに筆者は、先行的に失敗と成功を繰り返しながら海図を作成してきた事業者を、研究室のスタッフでマーケティング的に支援してきた。

本領域に参加、研究するに当たって、さまざまな企業における窓口担当者と時間と空間を共有した結果、旧来のメジャー企業、大手マスコミの窓口担当者ほど現状認識が遅く、時勢を把握できておらず、足元が崩れつつあることに気づかないことも知った。一方でその事情をよく知る新興の意欲的な企業では、クリエイティビティよりもＰＬ（損益）を優先させざるをえない、はがゆい状態も目の当たりにした。〝他人の正目〟というところだろうか。

本書で業界のプレイヤーたちにインタビューし、記録し、検証したのは、あくまでもコンテンツ産業の振興のためである。業界人と呼ばれる人々の多くはコンテンツの〝好き嫌い〟でしか仕事をしたがらず、なかなか過去に学ぶことが少ない。その結果、所属する企業の決算に大きな欠損を出したり、取引先に赤字を押し付けたりしてほおかぶりするような、極めて不健全なビジネスの暴力がまかり通っている。しかし、過去に学べばプライドが傷ついたとしても、そこにはコンテンツの健全な体制が確立され、自身の業界での延命に繋がるはずである。

最初に私がこのビジネスに研究者として参加したのは二〇一〇年のことだ。そこから七年余りにわたって業界を見続けてきた。意外と長い旅となった。本書によるその成果報告は、その無知の可否を糺すものではなく、学び、従事する人間の未来を素晴らしいものにするために行うものである。堂々巡りの赤字地獄としても有名なコンテンツ産業において、本書が大きな海図となることを期待したい。

ライブエンターテイメントへの回帰　目次

【協　力】

萩原　遼

木村純子／神谷　光
坂本　健

高橋正佳／日下芽生／石橋大樹

玉川隆昭／川部龍真／飯泉寛太／稲葉絢南／小笹翔太郎／高橋吾宇

第一章

アニメライブ、二・五次元の誕生

1．『テニスの王子様ミュージカル』の登場

当作がアニメライブの嚆矢であることは論を俟たない。それまでも実はいく本かのマンガ→アニメと二次制作されたものの興行はあった。古くは宝塚歌劇団の『ベルサイユのばら』(1)（一九七二年）を思い出される方もいるだろう。また活動中にメンバーが芸能活動を辞めてしまったことで、映像が長らく陽の目を見なかったものにSMAPによる『聖闘士星矢』(2)（一九八五年）、さらに一九九三年にスタートして現在も継続している『美少女戦士セーラームーン』(3)（一九九二年）のミュージカルなどがある。演劇界においては伝統的演目や新劇などと比較して〝キワモノ〟として位置づけられていた、という見方が正しいであろう。それらの作品群はいずれも継続性を重視した作品というよりは、興行元にとっては多くのラインナップのひとつとして位置していたり、あるいは原作のキャンペーンのひとつであったりと、決して時代の前面に出ていたものではない。文学やマンガを原作とした映画作品群によって通期ラインナップが編成される映画配給のように、多くある舞台コンテンツのひとつでしかなかったそのジャンルは、二〇〇三年の『テニスの王子様ミュージカル』初作を端緒として切り拓かれたといっていい（継続性の基準をどう設けるかだが、『ベルサイユのばら』は懐古上演的な再ブームはあり、連続性は認められるがプログラムが常置されているわけではない）。

当作の特筆すべき点は、スタート時に想定する〝第一の顧客〟を俳優のファンではない、原作やアニメーション作品によって発生したファン層としており、原作を〝実態化〟することをコンセプトにしてい

る点である。これを徹底したものに、アニメーションを原作として、その声優による録音源に合わせて演技するマスクプレイ[4]があるが、マスクプレイは児童向けの観がぬぐえず、ティーンや成人には敬遠されていた。というよりも、むしろ児童にしか顧客を設定していなかった。さらに先述の『美少女戦士セーラームーン』のミュージカルは、テレビアニメーションコンテンツの世界観の延長としての舞台興行であり、その意味では『テニスの王子様ミュージカル』に先駆けているが、「キャスト×観客」の主な構造が「女子×女児」であり、観客はテレビのメイン視聴者である児童（およびその親）からの拡大が難しいため、当時は舞台独自のマーケット確立までには至っていなかった。ただし現在は、懸命な事業継続によって休閑期をはさみつつ[5]、いつしか観客層の多世代化を達成しており、現在ではそれ自体がひとつのジャンルといわれるまでに成長している。しかしながら、原作と完全に離れて独立した市場を形成するまでに至ったのは、『テニスの王子様ミュージカル』に譲らざるをえない。

また、ＵＳＪ（ユニバーサル・スタジオ・ジャパン）で公演されている『ＯＮＥ　ＰＩＥＣＥ』[6]（一九九七年）は俳優の匿名性を強くし、声優音源による〝音合わせ〟芝居で〝アニメーションキャラクターの実態化〟に踏み込んでおり、人気を博しているものの、「アニメに寄せた興行」のままではアニメーションの表現に縛られるという制限も発生し、『テニスの王子様ミュージカル』は、アニメーションそのものからの脱却として、キャラクターの〝実態化〟を企図して、俳優による実声を伴った公演を行っている。これにより、キャラクターは原作とアニメーションのイントネーションを残したまま、〝舞台キャラクター〟として立脚することが可能となり、アニメーションの呪縛からの解放を得た。その結果、〝第二の顧客〟である舞台コンテンツのファンを創出するに至ったのである。

初演は六日間、興行会場は東京芸術劇場中ホール（当時席数八四一）で行われた。埋まったのは三分の一程度[7]といわれるが、筆者の考える初演作品の継続可否の基準のひとつに「三〇〇席規模の興行館における六五％以上の客席稼働率」というものがある。これは後段に解説するが、当作初演が一公演当たり三〇〇人弱の動員を達成しているとしたら、これは大成功である。少なくとも原作とアニメーションのコアファンをしっかりとグリップしたことは間違いない。ただし興行館のサイズが大きすぎた。そのために劇場レンタル費が大きく嵩み、赤字だったことも推定できる。しかしここでひとつの確証を掴んだプロデューサーは、興行の継続を決心したと思われる。

魅力はやはり〝空想の産物であるはずのキャラクターの実態化〟である。ファンはそこに歓喜した。恐らくはキャラクターに逢いたくて逢いたくて仕方のなかったファンたちの眼前に、〝アニメーションの撮影の合間に、皆さんに逢いにこの劇場に来ました〟的に、恋い焦がれたキャラクターたちが立ったわけである。その感動は想像に難くない。二次元では抱きつくことも抱き締められることも、ましてやキスされることもありえない。しかし眼前のキャラクターたちは実在しているではないか。まかり間違えば、キス以上すらも可能なのである。口コミは瞬く間に拡がった。

二〇一六年段階、同シリーズは年間興行回数九〇回、年間総動員数最大一六万人（日本国内限定）を数えており、二〇〇三年初動時の年間公演数が二一回であることを考えると約四・五倍もの成長を見せていることになる。

もうひとつの特徴として、俳優主導戦略を採らないことを徹底したことが挙げられる。オーディションなどで似ている俳優を探すことから始め、先述の通り、俳優の要素よりも原作やアニメーションのキャラクターを実態化させることを前提とした結果、元々の俳優が持っている人気に依存せず、むしろ俳優が個性を持つ方がキャラクターのイメージを阻害してしまい、実態化には無名であることの方が受けいられやすい。

また元来、コンテンツ制作にはいくつかの圧力指向性が発生する。後述するが、大きくは①原作（というよりも原作権利代行者）、②俳優（俳優事務所）、③クリエイター――の三方向からの圧力である。制作者はその三者とのバランスを取ることが要求されるが、①は極端な話、出版社であれば発行部数が伸びること、アニメーション関連企業であればビデオグラムなどの代替売上を確保すること、②であれば出番の総量や俳優のイメージ戦略に適うか、もしくは要求を容れさせることで格や権威を獲得できるか、③は自身のクリエイティビティの実現や、自身にとって自由度の高い制作体制を保全できるか――というものである。作品への完成度や事業への貢献というよりも、自社、自身への権利・利益誘導や満足度が前面に出るそれらのエネルギーは、多くの制作者を困惑させるが、おおむねプロデューサーの能力によって着地される。

製作元のネルケプランニング社はこの能力が極めて高い。伝統的に狭小だった小劇団芸能の世界を産業化することに成功し、音楽興行的なツアーのプロモート機能やチケッティング機能なども熟練して装備しているのが同社である。ダンスを産業化することに成功したLDH社[8]とは社屋を同じくしており、共に旧来の芸能協会の枠組みには参加しない新しい一派を築き上げており、〝舞台興行〟という守旧的で、赤字体質ゆえに助成金依存の高いプラットフォームにもかかわらず、安定的な運営を行い、経済動力も強い環境を生み出している。

一般に同作は五回目までは赤字ではなかったかと推測される。それを軌道に乗せるまで連続的に興行していったのは、上記の機能群による本作以外の売上（恐らく受託制作売上やキャスティング売上、チケッティングやプロモートの手数料売上）が支えてきたのだと思う（本書二六六ページ）。

同作の画期的なもうひとつの点を挙げたい。それは〝見立て〟だ。

〝見立て〟は伝統的な舞台の表現手法であり、多くの場合、実物を舞台に設置したり、天候など自然現象を起こしたりするわけにはいかないことなど、美術的制限があるなかで運用されてきた。古代ギリシャ演劇では仮面を着けるだけで〝その神になった〟と設定される約束事であったり、巨大怪獣と闘う場合に〝そこにあたかもいるかのごとく宙空を見て闘う〟などであったりである。歌舞伎にもこの〝見立て〟は多い。しかしそれが、俳優の演技力によって、実際の事物よりも観客の想像力を刺激し〝見えないものが見える〟ところまで昇華させる〝見立て〟演出も存在する。当作の〝テニスボール〟がそれである。作中は実態化したキャラクターたちがサーブ、レシーブとボールを打つ試合や練習のシーンが目白押しである。しかしそこにボール実物はない。すべて〝見立て〟で打ち、外し、他のキャラクターやアンサンブル（映画でいうエキストラに近い、役名を持たない俳優群）たちと共に一喜一憂する。

恐らくこの〝見立て〟は制作予算と俳優の技量が原因で発生している。同時に舞台にも厳然としてストーリーが存在し、観客は原作を知っているがゆえに舞台上のキャラクターたちの次のアクションも知っており〝ボールを打つ〟という、多分に失敗や想定外の動きをする可能性を持つ行為をそのままやらせるわけにはいかず、〝見立て〟という手法が選択されたと推測する。しかし開き直りともとれるこの〝見立て〟を当作が導入していった結果、〝キャラクターの実態化〟に制作の重点を置き（予算的にも）、一方で大道具やロケーションなどの美術は〝見立て〟で対応する制作モデルが確立される。この結果、観客の想像力は大きく亢進され、実態化されたキャラクター群は一層際立つようになった。

このモデルは制作モードにおけるある種のムーヴメントを起こすことになる。この作品を基点として、モデルが他の作品群にも伝播していったのだ。『舞台版イナズマイレブン』（二〇一〇年）ではサッカーボールの約半分（多くは必殺技のシーンだが）が〝空想のボール〟となり、舞台『弱虫ペダル』（二〇一二年）ではハンドルだけの自転車が登場した。その方法論ではキャラクターの実態化は際立ち、観客は感情移入しやすくなった。「見えないものが見える（かのように感じる）」感動が生まれたのである。

別の話となるが、当作の実態化キャラクターたちをほぼそのまま起用した（主演俳優以外そのまま起用）映画が全国公開されたが（二〇〇六年）、舞台の脚本文法を持ち込み、特殊画像処理などでダイナミックな映像を満載した同作は、残念ながら舞台顧客や原作・アニメーションの顧客からは受け入れられず、興行収入は未発表のままである。

それは『テニスの王子様』という作品の性質そのものが、舞台という〝実態化〟を成立させるのには適当で、実写映画は適当ではなかったということを意味する。無論、演出の技法問題はあるだろうが、ここで留意すべきなのは「安易な二次制作」に対する警戒、「原作世界を忠実に再現すればよい」「原則の精緻な再現を目指す二次制作こそが正解である」という原作者・原作代行者・製作者の理屈を市場が受け入れないケースもままあるということだ。関係者は現実を真摯に受け止めなければならない。

同作は決して原作通りではない。キャラクターの性格やストーリー構造は同じといってよいが、群舞や歌唱がインサートされて、観客感情を徹底的に煽る。同時に物語構成は、映画などでは「理屈が通らなくなるから」ということで便宜的に張られたり回収されたりする伏線のシークエンスが必要となるが、本作は上手にこれらをはしょっている。キャラクターも突然出てきたり退場したりしても事情のその後が語られることもなかったり、アニメーションなどで視聴者が苦痛に思う〝時間稼ぎ〟のカットバックやイメージシーンというものもない。極めて無駄がなくシンプルに感情曲線(9)と、原作のクライマックスなど、ファンに愛されているシーンだけをストレートに繋ぎ合わせたコンテンツである。これは考えると歌舞伎の十八番などと似ている。長い物語のクライマックスだけを抽出したコンテンツが歌舞伎であるが、観客は前後の物語など知ったうえで劇場に来ているわけだ。当作も同様、物語の経緯や流れを観客は承知のうえということになる。

この〝実態化快楽原則〟に特化したコンテンツであることこそ、同作がヒットした最大の要因であり、ここに至る制作的な試行錯誤がすべて経験値として生きてきたことの成果である。

同作が軌道に乗ったとしてもそれが順風満帆だったかと問われれば、決してそうではない。初演直前、主演俳優が交通事故で降板せざるをえなくなって代役を立てたことにより、常に代役を意識したキャスティングを迫られた。また、起用俳優が不用意にプライベート写真をアップするなどしたため、そのマネジメント管理体制は引き締められた。アクション性の高い演出は小道具が観客席に飛んでしまうというようなハプニングも起き、不慮の事故に対する救急体制も組成されていく。

すべてが他の作品群にも必要なソリューションであり、そのいずれもが同作から生まれた。その意味で『テニスの王子様ミュージカル』は二・五次元ミュージカルの元祖である。

2．各種アニメライブの成立

アニメーションを拡大解釈――舞台独自のフィーチャリングを実現した『ミュージカル忍たま乱太郎』と〝アニメ・原作の壁〟

二〇〇六年以降、株式会社ナムコの創業者であり映画会社日活の社長だった故・中村雅哉(10)より「興行館開発」の依頼を受けていた筆者が、映画館建設のためのロケーション開発を行っていた時に、ミュージカル『忍たま乱太郎』(11)（一九九三年放送開始）の話は立ちあがった。

経緯はこうだ。映画メジャー興行がすでに開所しているターミナル駅近辺での建設は得策ではないことから、筆者は「映画事業者不在」「都心」「複数路線乗り入れずみ駅付近」「協業シナジーのある事業者が在居」という前提でのロケーション開発を行っていた。二〇〇九年頃、その条件に合致する地域として後楽園地区が挙がり、当地で事業者として営業をしていたのが東京ドーム社だったわけである。そのため同社に映画館の建設を提案したところ、「すでに劇場は建造中である」との話で、建築現場と図面を確認した結果、スクリーン数の問題とヒーローショーのスケジュールの関係で、映画館としての興行は困難であることが判明した。その時に東京ドーム社より代替として提案されたのが、「年間で複数スロット（期間）を用意するので、そこでライブエンターテイメントのコンテンツを提供してほしい」というものだった。映画会社で映画プロデューサーとして働いていた筆者にとっては、ホールなどでのイベントや舞台芸能についてはほとんど何の知識もなく、トレンドの感も働かないコンテンツでしかなかった。

やむなく以前所属していた会社の同僚で、洋画マーケティングのスタッフだった豊陽子に相談したところ、彼女は「『テニスの王子様』のミュージカルが高い人気」「今年のコミケは『忍たま』の上級生がキテる」などの腐女子的情報を提供してくれた（本書五八ページ）。彼女に相談した理由は、彼女自身が当該領域のコンテンツを熟知しており、自身も作家活動を行うなどクリエイティビティも高かったためだ。ただ「『忍たま』の舞台化をせよ」というのは、唐突で突拍子もなく感じられた。半信半疑で当時の権利元である総合ビジョン社[12]に打診したところ、窓口担当者から豊とまったく同様なコメントが出され、企画はスタートすることとなった。

ライセンサーもライセンシーも初めてのコンテンツのスタイルであったため、私の映画のソリューションをベースとして準備は進められた。制作スタッフは私の映画技師陣を基幹スタッフに置き、脚本開発も映画同様に進めていった。

この時、最初の〝アニメ・原作の壁〟にぶつかる。

映画の場合、マンガやアニメーションを実写化する場合、前提として「物理的限界」というものがある。例えば全高一八メートルものガンダムをアニメーションのように格闘させることは不可能であるし、猛吹雪のなか、どの角度から見てもカタチの崩れない髪型を再現することも不可能――というよりも不自然である。そのため、実写化とは「現実的解釈」という位置に立ち、原作のニュアンスを維持しつつ、「実生活の視覚のなかに存在したとしても不自然ではない」ということを目指して映像を構築していく。そして傲慢なことかもしれないが、映画事業者は「物理的限界（予算的限界）線」を引き、その範囲のなかでの制作を行おうとする。資本を預かり、赤字を出さないための責任者としては極めて正当な姿勢であり、無論、権利元や原作者にはこの「物理的限界線」を理解してもらったうえでの許諾、制作となる[13]。

しかしアニメーション化はそうではない。マンガでは静止画である一コマを動画化——レイアウトやサイズを変更して作画、カットをつなぎ、ドラマを組成していく。それは極めて原作の再現に忠実性が高く、さらに原作よりもクオリティの高い描画をしてしまう可能性もある。

これに原作サイドが慣れてしまうと実写化にも同様の期待を持つようになり、監修圧力は強くなる傾向にある。アニメーションやマンガを原作とする舞台化における〝実態化〟は、原作者や担当窓口がこのような物理的な事情に明るくないケースも多く、アニメーションの制作工程に則って制作を行うことを求めることも多い。その結果、「アニメーションの通りに確認を取るようにしてくれ」「アニメーションの通りに画を作ってくれ」というような要請も出る。前出のように「アニメーションでは表現できているが物理的に困難」なものと「アニメーションでも描けて物理的にも再現可能」であることが同列化し、制作現場には混乱が生まれる。

『ミュージカル忍たま乱太郎』では、映画と同様に脚本作成前の市場調査でファンに聞き取りを行ったが、これは権利元には初体験だったそうで困惑させてしまった。また脚本の構造も原作のエピソードを取捨選択することにより組成したが、舞台としての演出意図というよりも原作との整合性が一義となる。これは二次制作上、権利元としては当然の監修思想であるが、二次制作といえども脚本家・演出家という作家は存在するし、プラットフォームを替えた作品である以上、独自の作品性・テーマ性を帯びる。この

〝二次作家性〟に対する理解をしていただくのに時間がかかった。権利元としてはアニメ化の長い歴史だけでは、その〝実態化〟制作における物理的概念がなかなかしっくりこなかったのだろう。

担当窓口の砕身によって、そのまれな〝物理化〟〝実態化〟の工程は少しずつ歩を進めていく。この時点での許諾元担当の真摯な制作姿勢と市場に対する理解の高さが、この作品興行を成功に導くことになった。当時、コミケットなどの同人における、同原作と二次作品であるアニメーションの二次創作は主人公たちを主眼としたものではなく、現在も続く人気の要因となったサブキャラクターたちであった。担当窓口と舞台製作者はそのサブキャラクター群を主軸としたストーリー構造を組成し、原作者の了解を得ながら舞台化のシナリオを起草していく。その結果、同作は原作やアニメーションとは異なる作風を確立するに至り、同時にティーン、F2、F3層をターゲットとする〝原作グループの一翼〟として立脚、市場のメインプラットフォームを担うまでに成長することとなったのだった。

この窓口担当の舞台脚本と原作およびアニメーションとの差異が〝逸脱〟ではないという確信と市場に対する深い洞察力、それを理解して舞台化促進を諒解した原作者の世界観思想、監修を受けることにより世界観の理解を深めた舞台制作者の真摯さが、作品興行の成功を実現した。結果は現在も継続するヒットシリーズになった所以である。同作は年二回ずつの興行（うち一回は再演）を連年で継続し続けている。

再現の徹底した忠実性――原作エイリアスとしての存在、『舞台版イナズマイレブン』

『舞台版イナズマイレブン』（二〇一〇年）は同様の制作文法をもって、同じスタッフで舞台化に挑んだものである。メインライセンシー企業に在籍していた筆者が、アニメーション委員会の幹事社へチームを紹介したことで企画は始動したが、原作者、幹事社、出版社と、監修とクオリティ管理は積層化し、また舞台上での映像効果など再現美術に対するレギュレーションも高く、制作は難易度の高いものであったという（本書八三ページ）。

興行はゲームとアニメーションの人気の高さに裏書きされた形で好成績に終わるが、当作で特筆されるべきは製作側のマーケティング戦略である。脚本・キャスティングとも原作元のレベルファイブ社長が自ら監修し、同作に関連するデザインを担当してきたビラコチャ社[14]が舞台宣伝用デザインについても担当することで、コンテンツのマーケティングイメージ上の統一が図られている。[15]さらに興行に際して「（親と同伴のうえ）五歳以上の入場可」「幼児の喧騒については観客は互いに了承して観劇」「脚本難易度は小学校低学年レベルを想定」と、原作と同様の徹底した〝ロワー対象戦略〟〝ファミリー対象戦略〟が採られたのである。これに則り、劇場用映画に近いスタイルで、メインライセンシーによる入場者全員プレゼント（通称〝入プレ〟）のTCG商品[16]が提供されるなど、原作の延長としての宣伝が展開された。これは近年、多くの作品の傾向に見られるような〝腐女子〟を対象とした潜在的BL描写[17]を意識した作品作りではなく、スポーツ根性もの、友情ものという原作テイストを再現、かつ原初的な物語求心力に重点を置いた作品作りの結果であり、それが大きく市場に受け入れられた結果となった。

無論、制作現場としても原作に表現される、数々のアニメーションならではの映像表現を〝実態化〟することに腐心しており、見立てを最大限に活用したトライアルな表現が詰め込まれ、ケーブル、奈落、ワイヤーなど従来の舞台での使用方法とは異なるインフラの活用をもって、原作の驚異的な映像表現を再現している。

・ケーブル：〝飛行生物が乱舞する〟というメインキャラクターの技を、四方に張ったケーブルを活用して再現

・奈落：〝空中で連携して技を繰り出す〟というメインキャラクターの技を、トラスから奈落へ落下しながら再現

・ワイヤー：終盤、敵役が高度のある技を繰り出すなか、ワイヤーによって主人公がさらに高度から出現し、反撃することを再現

当作は反響も大きく現在も高い評価の作品であるが、『舞台版イナズマイレブン』全体のブランドコントロールがなされていくなかで、原作ゲームやテレビアニメーション本編の速い展開に合わせることが困難なためか、二〇一七年時点で同じ制作チームでの続作は実現していない。

同時期、この他にも主に二次制作であるアニメーションを原作とした作品が群発していく。そしてさまざまな試行錯誤を行い、ある作品は継続し、ある作品はPL[18]とCF[19]のバランスの難易度に疲弊し、あるいは原作元と制作側との調整を断念し、撤退していくことになる。

ただし、これはあくまで調整不足であるということを書いておきたい。あるいは〝二次元〟である原作側と、〝実態化〟を常とする制作側の文化差を埋められなかった結果でもある。本来、顧客サービスを目指す〝ブランディング〟と〝市場最大化〟は同義であるはずだ。特定のライセンシーの採算性を犠牲とし

たブランディングは、顧客には見透かされるだろう。アニメーション化以外の二次制作（特に実写・実態化）に対して原作元の理解とビジネスの修練を求めるのみである。

第二章

収斂か淘汰か？

歴史的ソリューションを見捨てるがごとく変貌する、コンテンツ産業界

――製作・制作・市場概況

1．製作・制作・市場概況

ここでは同産業の製作ビジネスの状況と制作環境、そして市況について考察を進めたい。

アニメーションビジネスの変遷

戦後のメディアミクス型コンテンツは、復興と経済成長に沿って増化していく大衆娯楽のニーズと共に勃興していった、雑誌の乱立期である昭和二十年代〜三十年代頃に端を発する。当然、『鉄腕アトム』も『鉄人28号』もテレビ放映を想定して開始された雑誌連載ではなかったが、テレビの登場と共に昭和三十年代後半には、雑誌連載とテレビコンテンツが並列するメディアミクスの祖形に到達している。そのおのおののプラットフォームの公開時期は異なるものの昭和四十年代末には『宇宙戦艦ヤマト』が登場し、図らずも「マンガ＋テレビ＋映画」のメディアミクス展開を実現する。(1) 当初のテレビ放映の視聴率自体は芳しくなかったものの、次々と続作は制作されて商品化も重ねられ、現在にまで至る〝エヴァーグリーン型〟コンテンツの代表となった。

いずれの作品もリヴァレッジ（この場合、他者資本の事業による自己事業の利益増の意）――テコの部分はテレビ放映による周知化ではあるものの、コアファンはすでに雑誌連載で獲得されていたといっていい。(2) も

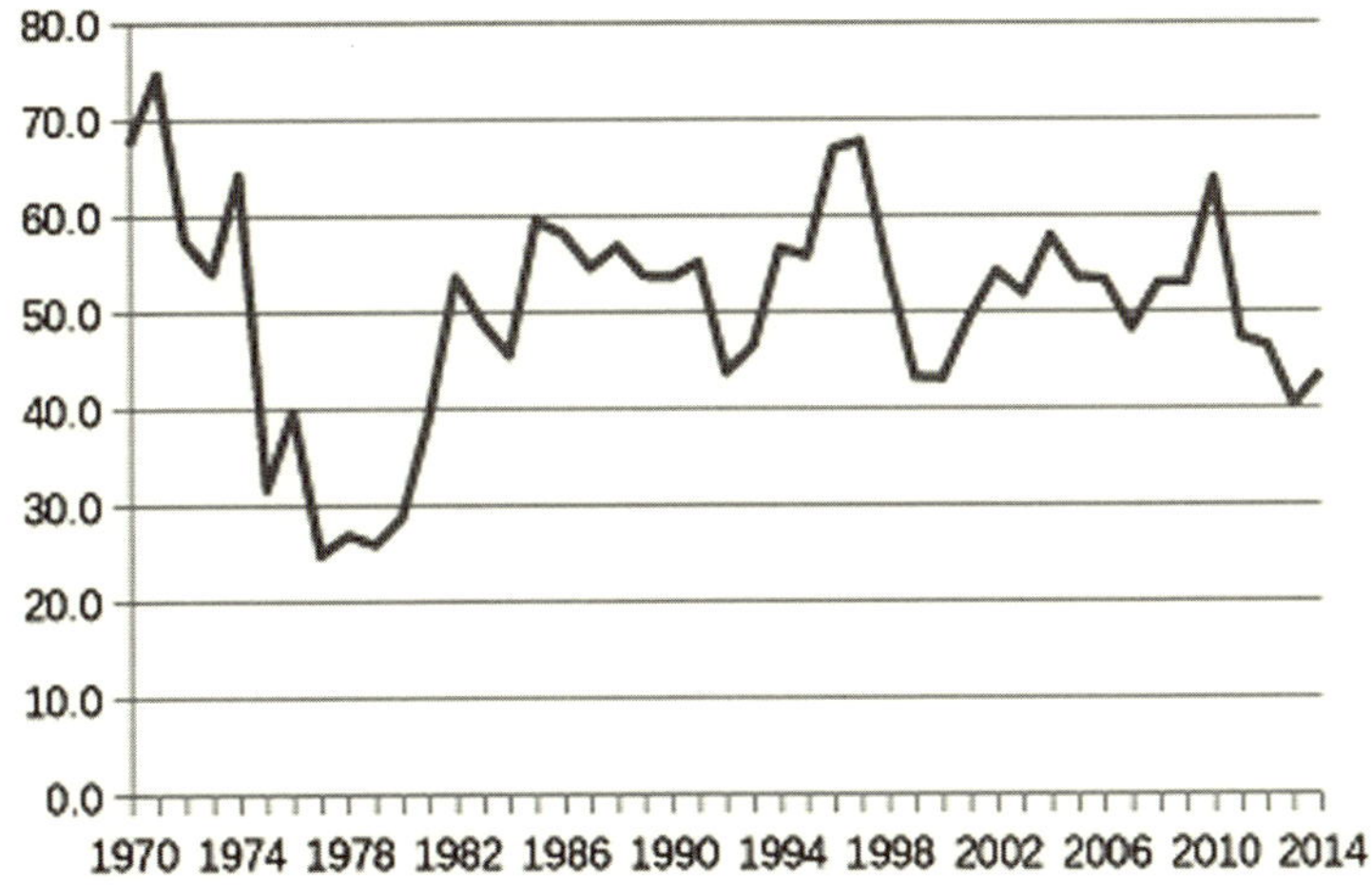

図表１：1970年代以降のアニメ原作率（増田弘道著『デジタルが変えるアニメビジネス』〈ＮＴＴ出版、2016年〉を参照に作成した）

ちろん連載開始の時点で、すでにほとんどのマンガ作家が有名であり、そのために事業者の期待は大きく、市場のアテンションは高かったといえる。そのような環境でマンガは連載され、やがて、マンガ連載とテレビ放映はセットであることがマスコンテンツの要件であり、ヒットの前提となっていくのだった。

八〇年代は週刊マンガ誌を原作としたアニメーション化が急増する。それまではマンガ原作の二次作品をマーチャンダイジング（ＭＤ）するというよりも、むしろ商品コマーシャルとしてのオリジナルのアニメーション作品も多く、通年（一年間）の事業計画と予算計画によって商品群を事前策定し、それに合わせてドラマが創作されることが普通だった。この事業手法は現在も、主に玩具企業が提供するウィークデーの朝帯作品や特撮作品などに見られるものである。しかし制作費を放映権料[3]のみで賄える体力は大手制作会社でもそうはなく、通常の番組制作枠の費用内で製作され、その回収ポートフォリオにマーチャンダイジング収入を計画させにくいタイプの作品（ガジェットやメカニックなど高額商品化しにくいタイプのもの）は減っていく。その流れに反比例して増えていったのが、オンエアによる放映権料を売上計画に入れずにビデオグラム販売のみで製作費を回収、利益獲得する計画のオリジナルビデオアニメーション（ＯＶＡ）事業である。

バンダイビジュアルの『ダロス』[4]（一九八三年）を皮切りに、この時期、多くのオリジナルアニメーションが製作される。商品コマーシャルとしてのテレビ作品にストレスを抱えていたクリエイターたちが大挙して企画を競った時期でもあり、同時にコマーシャリズム作品を長く受容した世代が、産業を目指すに当たってオリジナル作品に憧れた時代でもあった。事実、アニメーション産業は長く徒弟制度的な系列事業者で組成されてきた産業であったが、その系列には入らない、独立系の制作事業者が多く登場したのもこの時代である（厳密には系列内での実務経験後の独立、創業）。無論、高い人気のコマーシャル作品も多く、ファンの性質や嗜好性が分化していったのもこの頃だといえる。またテレビシリーズの続編や番外作品もオリジナル作品として製作されて人気を博し、コマーシャル作品が後にオリジナル作品へと分枝化するケースも増えていった。

二〇〇〇年代に入り、本来はオンエアに依存しないはずのオリジナルビデオ事業が、逆にオンエアをそのマーケティングの戦略として使用するケースが生まれる。多くはタイム価格[5]の廉価帯である深夜に、地上波キー局からネットワーク、もしくは関東ローカル局を含めたＵＨＦ局などを作品ごとに編成（シンジケーション）してオンエアされ、〝深夜アニメ〟と呼ばれた。テレビ局に支払われるタイム価格は〝電波料〟とも呼ばれ、事業費に組み込まれる。製作元の会計上はコンテンツの流通費用となり、当初はテレビ局側も、コマーシャルと番組の提供者が同じであるタイム枠が埋まることを余禄的に考えていたと思われるが、やがて作品数の増加に伴って価格も上昇させることになった。その結果、総事業費における電波料のウェイトは大きくなってしまい、むしろコンテンツ制作費の方が圧縮されていくという事態を招いている。

現在のテレビアニメーション事業は先述のコマーシャル作品以外、オンエアを作品原価回収のマーケティングと捉える状態にある。九〇年代はビデオグラム会社が幹事社となって製作を行っていたが、近年はその放送事業者である優位性を活かしてテレビ局自身が幹事社になるケース、制作会社が事業費のなかから制作費を受託するために事業体を委員会として組成するケース、その他のメディア企業（ゲーム企業やアプリなどＳＮＳ企業、出版社など）あるいは遊技機企業が幹事社として委員会を組み上げるケースに大別できる。いずれも事業体出資者としての配当の獲得を目指すというよりは、事業体から何らかの役務と窓口を受託することによって売上と粗利を獲得する。帳簿上では出資費用は資産化され、償却を伴うものの、出資事業と受託および窓口業務は別プロジェクトとなって、正味利益はマイナスであっても当該期では黒字になることでアニメーション事業は継続されている。これは無論、「いずれかの作品がいつかはヒットし、その配当ですべての償却対象資産額を超えて利益をもたらすはずだ」との観測に基づいているのだが、その幸運の到来に間に合わず、キャッシュフロー体力を失った事業者が倒産したり、撤退したりしているのが現状である。

テレビ局と出版社の凋落

長くテレビ局や出版社は自らでオペレーションしてコンテンツを制作してきた。それは情報発信者として「開発・制作（製造、ライン）」を自身の手で行うことが前提であったということでもある。しかし九〇年代に入り、大メディアである放送局・出版社はその発信力を利用して大きく事業を伸長させ、やがて製造――ラインオペレーション（ここでは工場的な実作業の意）よりも商品マネジメントに身体を傾けていく。ただしこれは事業採算性や決算、通期のキャッシュフローを設計、意識した業務ではなく、むしろ作品数を増やすことに反比例してオペレーションを減らし、社外への〝発注者〟のステイタスに変質し、従事者が減っていったことも示している。(6) このことにより作品監修が行き届かなくなり、放送業界では肖像権を侵害したり事実を捏造したりする番組が発生したり、出版では粗略な編集を受けた作家が掲載誌を離脱するというような事件が連続した。(7)

本来、プロデューサーとは事業計画の管理者であり、ＰＬ（損益）やキャッシュフローの管理を前提として成績のよいコンテンツを作ることが本務である。しかし社員であるテレビ局プロデューサーにとって、視聴率の多寡は〝勝負は時の運〟的な諦観しか持ちえず、〝時代が自作に追いついていないだけ〟と敗因の分析を放棄しているケースもある。それはテレビ番組自体が企業のマーケティング費用によって制作されていることにより、視聴率が悪かったとしてもその時点でテレビ局が赤字になることはないからだ。広告費受領の時点ですでに売上は立っている（その後、その枠の価値が下がるリスクは当然あるが）。映画産業が「リクープしなければ会社は破綻する」という必死の興行に挑むのに対して、そこに危機感はない。番組からその緊張感がないためか、ＳＮＳに顧客を奪われたためなのか、昨今では大規模な視聴者離れを招いている。[8] 視聴者の激減は広告収入の低下も招き、その結果番組制作費を低下させ[9]、それにともなって多様性も低下、いずれのジャンルも伸び悩む。視聴率がよいのはライブエンターテイメントであるスポーツ中継や、収録映像をスタジオで出演者が観客と楽しむバラエティ、歌番組くらいである[10]（視聴率上位三〇位中のタイトルはライブ性が高いものである）。特にキー局では報道記者以外は社員が制作オペレーションから離れるケースも多くなった。各局とも社員ディレクターに自社幹事の劇場用映画を監督させるなどして、そのレピュテーション維持と売上プラットフォームの拡張を行っているが、自社を媒体とした宣伝露出をする映画興行も不入りになるケースが増えてしまった。[11] 華やかに見える一方で、オンエアに間に合わせるだけの労働はやはり過酷であり、外注化はやむをえないともいえる。

出版社の場合はもっと深刻だ。編集者にとってはもともと所属する企業のＰＬやキャッシュフローは業務の埒外であり、担当する書籍の発行部数の多寡が唯一の評価の基準である。また厄介なことに作家たちなどアーティストに近い心根でいて、「一般企業とは違う、選ばれた職種に就いている」というプライドもあり、経営や財務は〝卑しい業務〟であり、社内ではヒエラルキーの低い業務だと考えている場合がある。その結果、新人作家や業者、ライセンシーに対して高圧的な契約の締結を求めたり、資本社会に対する理解が低いままに作品を作ってきてしまったりと、業界以外の社会に対するリテラシーが低い状態にある（それでもヒットする作品が出てしまうのがメディアの恐ろしいところだが）。出版社にとって取引先とは作品の展開に供するテレビ局やアニメーション企業、玩具企業であって、通常の商品ライセンシーに対しては〝双方に益する〟というライセンサーの義務は意識されないことも多い。

これが現状である。テレビ局や出版社の従事者がその産業の危機に敏感になれないのには、それでも現在のコンテンツのプロジェクトにおいて、出版（マンガ）による初動がモラルであり、地上波の周知性はいまだに他メディアより圧倒的に強く、高い経済成果を得ていることが挙げられる。テレビ局の場合、提供料収入は現在も莫大であり[13]、高い人件費も含めてさまざまな経費を吸収しうる。出版社の場合は、映像と比較して原価（原稿料や印刷、流通費用）が極めて少額であり[14]、ゆえにさまざまな内容の作品を大量に開発、発信可能な制作メカニズムを持ち、そのために顧客への強いリーチ力を保ってきたのだ。

しかしいずれも〝今のところ〟であり、少しずつそれぞれの売上は減退している。いつまでもメディアの王様ではいられない。その強力なメディア力がある今のうちに打てる手とはいったい何なのか。

優位性の高いソリューション

歴史的メディアであるテレビと出版のことを、オーディエンスでありクリエイターでもあるエンドユーザー群が必要としなくなっている現況に対し、その豊富なＩＰ[15]（知的財産）と高い手元流動性を活用して、ＩＰメーカーそのものに業態転換しようとしているのがカドカワと小学館である。いずれも古い歴史を誇るメディア企業だ。

カドカワ（当時、角川書店）がドワンゴとの合併（二〇一四年）より以前から、基本は自社で出版している原作の映像化事業に対して出版社として資本参加することと同時に、既存コンテンツに対する後発的関与（映像のマンガ化・ムック本の出版など）を展開しつつも、その作品スタッフ中のキータレントを起用して自社作品を組成するなど、既存メジャーからは一定の距離を取りつつも対峙する経営を続けていた。一見、大手出版社の後塵を拝しているように見えるが、その実は自発性・独自性を周到に準備していき、他社が足を踏み入れていない領域を静かに創出し、そこでメディアミクスによる自社ブランド価値の創造を行ってきたといえる。八〇年代に萌芽したアニメーションの新しい潮流は、マンガ・雑誌事業で後発だった同社が、オタク文化[16]に進路を取ることで巨大な動輪を動かし、生み出していったことは否めない。

その雑誌の宣伝過程で大量のメディア出稿を行っていたためにオタク文化は市民権を得ることになり、当時は幼稚と揶揄されていたアニメーションコンテンツに対してアレルギーを持たない世代を、丁寧に醸成してきた貢献度は評価されるべきである。やがては専門誌の創刊のみならず、原作を映像化する事業に直接出資、テレビコンテンツの事業体内に位置し、映画製作まで行うという積極戦略に至った。やがてメディアミクスを意識できる、自己プロデュースに長けた多くのクリエイターがカドカワの書籍やコンテンツに多数登場していくが[17]、「市場を創出し、次のクリエイターを市場にいるファンのなかから発掘する」という手法は、元々は週刊マンガ誌の方法論だった。

少年マンガ誌の発行部数トップである、『週刊少年ジャンプ』を出版する集英社（一九二六年、独立・創業。一九四七年、少年向けの画付単行本を発行したことにより現在の事業基礎が築かれている）をグループに擁し、マーチャンダイジングとコンテンツ制作、教育を事業化する子会社・小学館集英社プロダクション（旧・小学館プロダクション。一九六七年創業）を持つ小学館は、実はＩＰの持つ機能を最初に経営的に捉えた企業である。マンガにマーケティングツールとしての可能性を見出し、他社に先駆けてテレビ局・映画会社との連動を軌道に乗せたのは小学館だ。藤子不二雄原作などを大量にテレビに供給し、その連動によって出版部数を伸ばした。さらに日本最大の映画興行網を誇る東宝の配給ラインナップへ、毎年のレギュラー作品として、『ドラえもん』[18]（一九六九年）『名探偵コナン』[19]（一九九四年）『劇場版ポケットモンスター』[20]（『ポケモン』一九九六年）などの強力な作品群を供給し、当該映画作品のビデオグラム事業にも参入、今や銀幕でもお茶の間でも小学館製コンテンツを観ない日はないほどである。

同社が他社に先駆けてメディア支配力を高めたもうひとつの戦略に、小学館集英社プロダクションによる地上波朝帯の番組制作事業がある。テレビ東京系列のタイム枠に自社製作の情報番組をオンエアし、その前後枠にも自社原作の映像化作品を並置して〝小学館コンテンツアワー〟とでもいうべき、長大な独占時間帯を確保した。さらに作品ライセンシーから広告を受注し、番組中で商品を採り上げて宣伝をするという、先駆的でダイナミックなメディアミクスビジネスを確立した。この方法は顧客が確実にいる場所に宣伝がフォーカスされ、効果が最大化されるというメリットがあり、ライセンシーにとっては非常にありがたい〝Ｗｉｎ×Ｗｉｎ〟のビジネス構造となっている。小学館集英社プロダクションによる映像化は二次著作権を生み、さらに自らが旗艦となるライセンシー群との護送船団方式はコンテンツの長命化を実現し、その結果、作品のヒットの確率が上がるのである。ポイントは、旗艦はあくまで小学館であり、事業決裁権は小学館がグリップするというものであるが、『イナズマイレブン』のように出版事業のみを担保し、コンテンツのシェルパとして旗艦を譲るという戦略も持ち合わせている。それはメディアとコンテンツの難所を知り、クリエイティヴとビジネスのバランスを熟知しているからに他ならない。

このカドカワの「クリエイター再生産」システムと、小学館の「護送船団」システムこそ、収斂しつつある旧・大手メディアが生き残る、一つの示唆ではないか。なぜなら新しい世代は――市場は、コンテンツに興味は持っていても、旧・大手メディアの古いソリューションには何の興味もない。顧客に見捨てられつつあるのが今日なのである。

2. SNSによって生まれること

テレビ局の減力と出版社の退潮のなかで、まったく新しいメディアとコンテンツが登場する。SNS[21]動画サイトである。かつてコンテンツをマスへ発信する方法は、出版物なり放送なりの媒体に搭載するしか方法がなかった。無論、それより以前も劇場など、人が集まる場所で発信する方法もあったのだが、出版はオーディエンスの時間の随意性、放送は無料であるために高い可触性によって長く大衆に受け容れられてきた。しかし「デジタル×パソコン×インターネット」という画期的なソリューションは、爆発的な浸透と拡大と共にSNSという巨大プラットフォームを創出した。SNSによって随意性と可触性の両方が一気に獲得され、さらにそのプラットフォームを宣伝メディアとして購入する費用＝流通費用は基本的には発生せず（誘導のための費用は発生する）、「媒体への搭載にはお金がかかる」という常識を覆し、従来のメディアで長く設定されてきた宣伝の費用ポートフォリオと流通構造、さらにその映像文法までをも破壊したのである。

具体的には映画が誕生[22]して以来、積算されて研がれ、いくたのトレンドを経て獲得されたある一定の映像文法が、プロフェッショナルの映像コンテンツには存在していた。それは経験や修練、学習が必要なものであったのだが、映像機器のパーソナル化と低価格化によって、それを超えてアイデアやインパクトのある映像が大量に創出され、さらにＳＮＳはそれに随時性を付与したうえで搭載することを可能とした。

その結果、従来の映像制作とは断絶した広大なプラットフォームが誕生している。伝統的な映画やテレビコンテンツとは文法を違えるそれらは、今や保守本流となって覇権を握っているといっても過言ではない。従来の事業者は、もはや無視できないはずのそれらコンテンツを直視できず、目を背けて旧来の製法・文法での事業に引きこもっている状態にある。従事者たちがその新しい時代を受け容れられないのは、長くメディアの経済状況が変わらなかったことにあると筆者は考えている。

ＳＮＳへ顧客が集中することによる現況を再掲すると、

①出版部数の大幅な低減
②放送媒体からの視聴者の離脱
③全世代に対して高いアクセシビリティを持つ携帯ガジェット（スマートフォン）の浸透

の三点が大きな要因である。つまり従来のメディアからの情報取得の習慣が失われ、それがＳＮＳへ移動したといってもいい。

問題はこれまで行われてきた、情報の創出のソリューションが無意味になってきていることにある。

制作現場とその環境の変動

制作現場にも大きな波が押し寄せていた。ここでもやはりデジタルがキーワードとなる。八〇年代にはエンドユーザー側には存在さえしなかった、デジタル制作環境の飛躍的な整備のことである。資本が大きく循環することでインフラ整備に過不足がないのがコマーシャルフィルム産業であり、そこでは高額な先端技術が先行して積層されていったのだが、本格的なデジタル映像処理システムが導入されたのは九〇年代後半になる。フィルム撮影されたものをデジタル信号へと変換し、巨大なデジタル情報を内蔵したハードディスクと強力なＣＰＵによって処理し、従来は非常に手間で高いコストだったオプチカル処理[23]をリアルタイムに近いスピードで処理することを可能とした。

しかし高額ゆえに先行的に装備できたコマーシャルフィルム制作事業者が、その恩恵にあずかれたのは恐らくわずか十年程度だったのではなかろうか。デジタル処理の機器はデジタルの浸透と共にあっという間に低額となり、二〇一〇年代に入る頃にはデジタル映像技術の成果であるＣＧ（コンピュータグラフィクス）は零細企業どころか、アマチュアの学生のツールにまでなっており、収録と編集さらにＳＮＳへのアップロード機能は小学生の持つスマートフォンにまで装備されるに至った。

ここに至り、映像産業が現場体験により伝習していたスキルパスのシステムと、徒弟制度は崩壊する。アニメーション作画技術さえも、３Ｄ映像に親和性の高いメカニックものの作画もデジタルへと移行し、やがてキャラクターも３Ｄに移り始めた。恐らくハンドドライトによる作画とＣＧの割合は拮抗しつつ、そのまま共存するだろう。現場から聞こえるのは「画の描ける人材がいない」という悲鳴だが、売上に見合うハンドドライトが可能な人材編成は現実的に困難になりつつある。

実写制作領域ではその傾向はさらに顕著である。体系化された撮影技術・制作技術そのものが喪失されたわけではなく、〝徒弟制度〟や〝経験により伝習する〟という習慣、常識が喪われたのだ。高度なテクノロジーは素人の作品に職人と見まがう仕上がりをもたらした。つまり〝感性〟こそが最優先され、その価値感覚は先述の通り、継承されてきた映像文法を凌駕して〝衝撃〟と〝面白さ〟そして〝感動〟さえあれば市場を構築できる可能性を生み出したのだった。

現在、コンテンツとマーケティングの主流はSNSとそのうえに搭載される動画となり、それまでのソリューションやメディアは、顧客に見捨てられるかのように引き潮の市場となった。そして市場において価値の再配置が始まる。劇的なライブエンターテイメントの復活である。そして、そこにまったく新しいスタイルとして「二・五次元」「アニメライブ」が登場するのである。

第三章　二・五次元／アニメライブの実態

――その証言と資料

【事業家／大場隆志】二〇一七年九月一〇日

生死の境からビジネスへ、そして〝共に生きる〟責任へ

――最初に経営者としてビジネスを始めたきっかけをお話ください。

学生時代、バイクのプロレーサーだったんです。

――ええっ!?

『バリバリ伝説』（しげの秀一作、講談社『少年マガジン』一九八三年連載開始）の影響で（笑）。でもレーサーとしての壁が見えたことで、企業への就職を決心したんです。そのまま続けているとケガをするか、最悪は死ですよね。何よりも〝速い人〟の天性を感じてしまって、その感性を超えられるかどうかで自分の限界を悟りました。「同じものを追求していたら、やがて死んでしまうのではないか」と直感して引退を決意したわけです。レーサーのかたわら水泳のインストラクターもやっていて、引退後の就職はその流

大場隆志（おおば・たかし）
1972年、宮城県出身。法政大学法学部卒業。2004年、ロケーション事業会社を設立。2014年、映劇株式会社代表取締役。2016年、劇団飛行船代表取締役。現在、株式会社ソプラティコ代表取締役、経済産業省がんばる中小企業全国300社受賞、経済産業省おもてなし企業選全国28社受賞

れでフィジカルなビジネスを意識していました。

――就職されたのはいつ頃ですか。

二四歳、九七年頃ですね。

――会社としての経営や数字を意識されるようになったのはいつ頃でしょうか。

ところが、インストラクターかと思いきや営業部配属だったのですが、得たものは大きかったですね。日々、ノルマをどうクリアするのかがテーマなんですけど、その会社はノルマが達成できないことが常態化してしまっていたんです。会議のたびに「いかにヌルい営業で、給料を得るために怒られることに耐えるか」という感じなんですよ。ひとりだけがんばっては全体の和を乱すし、「怒られる時はみんなで怒られよう」という団結力の

ある営業部門（笑）。やがて「怒られるだけで何の意味があるのか」と、目標達成ができないことが苦痛になってきて、「よし、怒られたくない。結果を出そう」という思いに至っちゃうんです。レースで鍛えられた〝負けずぎらい〟が出てしまったんですね。

――その後、うまくいったのですか。

最初は根性で飛び込み営業でした。いろいろなところに飛び込むところからスタートし、やがて確率を上げるためマーケティングのプランニングに入り、売るための仕組みを作るため商品開発を考え始め、リピーターにつなげるためのビジネスを考えていくうちにビジネスが成立するようになったんです。売り上げ自体は上がっていくので、さらによくするためにはどうするかを思考し始めるような感じでした。

――同僚との関係は悪くならなかったんですか。

もちろん、「お前だけ何をがんばっているんだ？　お前だけボーナス余分にもらいたいのか!?」って悪くなりましたよ（笑）。ところが、結果として会社全体の売り上げが増えて、全員に期末のボーナスが出るまでになったので、最終的には感謝されました（笑）。それで経営会議で指名されて、入社一年半で店舗の支配人にされちゃったんです。

――一〇代の頃は勉強家でしたか。

小学校、中学校は勉強した記憶がないけど、高校生のときは結構勉強したかな。とにかく東京に出たかったんです。自動的に東京に出るための条件が大学に入ることだったので、がんばりましたね。

――経営者として独立しようとしたのはどういうきっかけでしたか。

国内でも有名な出来事ですが、親会社のリストラと再建のために海外から辣腕の経営者が招聘されたんです。当時、勤めていた会社は北海道で某事業を再建中だったのですが、本社の本業に関係のないぼくたちの子会社は継続をすぐに打ち切られました。二年半かけて黒字にしたのだけれど、再建先からは「一度黒字になってしまっているし、ノウハウもわかっているでしょ」ということで移籍を拒否され、社員の糧を求めてハローワークに通いました（笑）。結局、債権機構的な組織が社員の給料を立て替え払いしてくれたんです。

――セーフティネット[1]ですね。

社員の給料を確保するために労基（労働基準監督署）に行ったりあらゆる手続きを尽くしたりして、発給が途切れないようにできました。その時は「労働債権は優先される」はずという、法学部時代の知識が活かされましたね。大学での知識の唯一の成果（笑）。失業も勉強になったな、と今でも思います。

——ご自身の身の振り方はどうされましたか。

声をかけてくれている企業はあったのですが、その時に「自分だけ逃げていいのか？」と考えちゃったんですね。解雇された他の社員の方々や現地の顧客もいます。一方で、起業したとしても狭い街だと競合になって横ヤリも入りますし……、でも考えを切り替えて起業するしかないと決意したんです。それが二〇〇四年で、地元の銀行に何度も通って、「担保はないんですけど、創業資金を貸してくれませんか」「話になりません!?」というような会話を何度もしました（笑）。その銀行は融資基準がその地方で一番厳しかったのですが、一番大きな地銀なんですね。それで通いつめて粘り勝って、政策金融公庫の保証もついて、一五〇〇万円を無担保で借りることができたんです。

——創業支援でその額はありえないですよね。いいところ五〇〇万円程度でしょう。

今でも「ありえない」とよく言われます。連帯保証も自分以外にはつけられませんでした。銀行の融資担当者も相当に調べたらしく、それまでの再建実績から、単なる創業支援を求めたパターンとはちがう次元で立案していたことをわかっていただけたようです。担当も支店長から「これで軌道に乗る会社にならなかったら、当行としてはきみも厳しい結果になるぞ」と脅されたらしいんですけど、担当者の賭けが勝ったんです。五年後には、追い出された再建先を逆に傘下に収めることができました。それで転勤していた融資担当者を訪ねて、「五年間かかりましたけど、やっと抵当権を入れられる物件を持ちました」と報告できたんです。

ライブエンターテイメントビジネスへの参戦、新旧ソリューション合体の初動力

――実業家としてライブエンターテイメントやコンテンツ産業に参入しようとされた理由はどういうものなのでしょうか。

それまでのビジネスのコンセプトが「心と体の健康を総合的に考える」ことでしたので、エンターテイメントの要素は自然と増えることになります。そのなかで映劇（現・劇団飛行船映劇ライブエンターテイメント）との出会いがありました。確立されている映劇のソリューションをさらに世の中に展開していこうとした時、同じような業態の事業と組んで製作力や営業力に相乗効果を出そうと考えたんです。劇団飛行船(2)はライブ業界の老舗でもあり、五十年以上も着ぐるみライブをされてきていますし、東京ディズニーランドの立ち上げにも参加している会社です。その最古と最新のソリューションがひとつになれば、間違いなくライブエンターテイメントの本流になれると確信したんです。

――近代経営の経験がないような古い組織とクリエイティビティだけの組織の合一……通常の経営視点

に立つと、これはかなりのハイリスクではないですか。

〝経営的な視点〟や〝再生的な視点〟で見ると、ややこしい状態ほどバケるんです。組織というのは原動力となるパワーがある一方で、抑止力も働いています。車でいうとブレーキを踏みながらアクセルを踏んでいるような状態ですね。ところが、原動力（アクセル）が限界に達していてそこにマンパワーを付加しても、抑止力（ブレーキ）との均衡でゼロの状態だと、それ以上のポテンシャルを実現するのは無理ですよね。そこでブレーキをはずせば、急発進する可能性もあるんです。社員は自分たちがブレーキを踏んでいるとは決して気付いていない一方で、一生懸命アクセルを踏み込んでいるという状況に陥っていることがよくあります。ですから、ブレーキの期間が長ければ長いほど伸長する可能性がかなり高いということで、つまりブレーキをはなせるかどうかが伸長のカギなんです。そのため、ブレーキには含み益があるというのが僕の見立てです。

ブレーキをはなすための改善の方法はいっぱいあります。プロ意識の強い人や長い歴史の会社ほど、特有の二軸を持っていることが多いんです。一軸は、「本格的なものを追求する考え方」です。先ほどの劇団飛行船の例でしたら、〝演劇とはいったい何なのか？〟——表情、技術、演出などをクリエイターや製作者として不断の追求をする姿です。もう一軸は、そうして培われた演劇をどういうものと組み合わせ、新しい技術や方法論と融合させて新たな価値を生み出すのかという「イノベーションの考え方」です。

ただし「本物が本物であり続ける理由」と「新たなイノベーションを創造する」という二軸は、性格がまったく異なったものです。けれども、どちらかだけではダメで、両方が両輪になるよう両利きの経営が必要だということです。うまくいかなければ、そのどちらかに偏っているからだと判断しています。長くやっているところほど本物志向で、一般の方には理解できないところに価値を置いてしまいがちなんです。劇団飛行船は本物を作り続けることで気付かずにブレーキを踏んでしまっているので、映劇の新しい観客層へマーケティングするアクセルと組み合わせる――そうすればライブエンターテイメントの価値は向上し、さらに多メディアへと展開できる力を持つだろうと考えました。

――経営は現場を、現場は経営の思想を知らないといけないですね。

否定的な言葉や反動的な雰囲気はブレーキになってしまうものなんです。飛行船については、「劇団の〝げ〟の字も知らない人間が、どうやって経営するんだ⁉」って言われた時にブレーキを感じて、「これはうまくいく！」って思いましたね（笑）。

――そんなこと言われたんですか。

劇団飛行船と映劇がひとつになった、あの飛行船五十周年記念パーティー(3)は奇跡だったんですね。あの日、あの瞬間、あの場所に、集まることが一〇〇％ありえない人たちばかりが集まっていました。しかも劇団飛行船に関わってしまったばかりに心にどこかキズを持っているような人たち――上と衝突して辞めていったり、会社から分かれて飛び出していった人たち――ばかり壇上に上がっていただき、長年の功労

文京学院大学
文京学院短期大学
VISITOR

を顕彰させてもらいました。「身体の調子が悪い」と言いながらもみなさん集まってくださり、「劇団飛行船創業以来、飛行船に関わったすべての人が集まった」とみなさん驚いてくれました。そして、「今後の組織の方向性を認める」と全員でおっしゃってくれたわけです。それは奇跡ですよね。

――歴史そのものに決済を得たわけですね。

現在、劇団飛行船は二〇名くらいですが、従業員の半分は二～三十年前から在籍しているんです。歴史的視点からの決済は、これから新たな経営を進めていくうえで不可欠な条件です。そのために、離れて久しかった元社長にも挨拶をしていただきました。歴史を知る人々からは、「あの人がわざわざ!?」と驚かれたそうですけど、そういうわけで、関わった方々全員に新しい門出を応援してもらう必要がぼくにはあったんです。元社長を招いたことから「猛獣使い」と呼ばれましたけど、そんなことじゃないんですよ。あの方も状況を実に理解してくれていて、だれかを責めたりせずに、飛行船の新たな前途を祝す話をしてくれました。実にありがたかったですね。ブレーキをはずせたなと思った、一つの瞬間です。

――歴史的決済を得ることで先に進めるし、支援も得られるわけですか。

経営面でも強引なことはせず、むしろ誠意でみんなに決済をいただくべきだと判断しました。後々、ブレーキがはなれた時にこそ、その決済と支援が生きると予感したんです。遠方の元社長のご自宅にうかがっても当初は門前払いでしたが、やがて信頼していただき人脈を渡してもらえるまでになったんです。現在、省庁の方々とさまざまな企画を進めていられるのも、そのおかげです。ブレーキがはなれて相乗効果が生まれるのは、こういうことでもあります。

〝空中戦〟と〝地上戦〟の思想

――それでは、劇団飛行船や映劇における戦略や、ライブエンターテイメント事業の目標などをお話し願います。

かつての劇団飛行船の事業力は凄まじく、ブロードウェイ公演までも実現しています。同時に、当該年の決算は赤字なんですね。つまり現場は、作品追求のために採算や業績は度外視していたわけです。その現実を考えた時に、先ほどの二軸を打ち出すことにしました。その一つは「リアルエンターテイメントの確立」です。まず、日本のゲームやアニメなどのコンテンツにおける流通において、通信や放送を〝空中戦〟とし、われわれのライブやミュージカルのようなリアルコミュニケーションを〝地上戦〟と定義することにしました。

現在、その〝空中戦〟においてゲーム、アニメなどは世界的優良コンテンツとして展開してきています。しかし〝地上戦〟は手薄なままです。それゆえに、世界からのニーズはもっと高いわけです。また、映像ではCGや3Dなどの技術革新があったけれどもすでに飽和し、進化は行き詰まっている状態です。しかしリアルエンターテイメントには、まだまだ技術革新も期待できるし、何よりも〝ナマ〟や〝体感〟にはどんなエンターテイメントもかないません。ライブでは想像もつかないカタルシスが、これからもどんどんと提供できるようになります。

もう一軸は、演劇そのものを芸術文化とはちがう形で「国民に役立てたい」ということです。二〇一八年から学習指導要領が改訂されますが、その眼目として強調されているのが「表現力」と「コミュニケーション能力」なんです。その観点から演劇を教育に反映させたいと考えているところで、つまり、教育へのライブエンターテイメントの反映ということです。問題解決型アプローチで現代教育が抱えている問題をまず検証してみて、その課題を演劇を通じて解決できないかと研究し、モデルを作り始めました。

文部科学省のポリシーは「教育は子どものためである」ということで、子どもとは「次世代の期待」と「可能性」であるととらえているわけです。一方、親が求めるこれからの子どもへの期待の一番目は「自立」。統計でも一位の項目です。同時に「子どもの自立が不安」というアンケート結果も五〇％以上もあります。その自立のためには、人とのかかわり方とか、コミュニケーションが必要不可欠ですよね。

さらに、経団連の「求める人材の要素」でも、十三年連続で「コミュニケーション能力」を最重要視しています。学力ではなく、表現力や主体性が求められているんです。それを失っていると他の能力がどんなに高くても、プロジェクト遂行の過程で「辞めたい」と挫折したり、鬱になったりしてしまうようです。「コミュニケーション能力」や「表現力」は、企業も求め、親も求めているものですから、学校にも求められてきているわけです。この三者が求めているということは、社会そのもののニーズだということですよね。

そこで、演劇とはそもそもが表現であるわけですから、「表現力のトレーニング＝学校での演劇」だとぼくは考えています。そして一人でプレイするのではなく集団で行うものですから、コミュニケーションにもあふれています。そう考えると、演劇の教育効果というのはとても大きいんですね。これが二軸目の国民に役立つ演劇ということです。

日本の人口を考えると、これから市場サイズは変わらないでしょう。そうすると、売り方を変えてもパイは増えません。エンターテイメント以外の場で演劇を考えた時に、普通の人や子どもたちが演劇に触れられる機会を教育の一環として増やしたら、演劇が一気に身近になるだろうと考えているわけです。

例えばストリートダンスは、一〇年前では夜中に不良がラジカセで騒いでやっているような、マジメな一般人からは敬遠されがちなジャンルでした。ところが現在では、教育のカリキュラムです。バックダンサーはアーティストの添えものだったのに、ＥＸＩＬＥはダンサーこそが中心のアーティストとして活躍されています。そして今や、ダンスエンターテイメントは右肩上がりです。それを演劇で行おうと企図しているところです。劇団飛行船や映劇は、まさにＥＸＩＬＥを目指しているんです。

一方、教育的観点での活動を考えると、株式会社のままではなかなか参画しがたいのは事実です。現在は公益財団法人すぎのこ芸術文化振興会を通じて教育に関わりたいと考えています。先ほど申し上げたように、そのネットワークもかつての劇団飛行船ネットワークが母体になっているんです。

フィロソフィの伝播、そして短期ではなく長期視点

――さまざまな方法でブレーキをはなしていくわけなんですね。

組織の改善とブレーキを上げさせることはイコールなんです。どの業種にも面白いように当てはまりますよ。基本的には組織内での共通理解を深めていくことなのですが、共通理解がないままに進めると、どうしてもブレーキをかける人とアクセルを踏む人に分かれてしまう傾向が目立ちます。いかに共通理解を増やしていくかということが、経営的、人事的テーマですね。個人よりも小組織に対してアプローチできれば、経営フィロソフィへの共感者が出てきます。その人たちがさらに組織へ伝えていく――この流れが大きくするように努めています。

――コンテンツ産業は収益のバクチ性が高いし、古い人は新しいことをいやがりますよね。

それも、どの産業もそうですよ。ところで、本物志向のところがマイナーチェンジする方が、短期的な利益は上がりやすいんです。成功ビジネスモデルをマイナーチェンジするだけで、少なくない成績改善は可能です。ところがそれをやり続けると、長期的な利益を失うことになります。また、ある程度大きくなった会社だけに利益が集中すると、商品は画期的だけれども小さなベンチャーが断念してしまう構造になってしまいます。その結果、短期的な利益にしか集中できなくなり、その利益がないと投資もできないという循環にはまってしまいます。このジレンマがある限り、経済はよくならないんですね。

——ライブエンターテイメントはどうなっていくと思われますか。

ゲームとアニメは日本という枠を間違いなく越えています。したがって、それを題材としているライブエンターテイメントも、グローバル化できる可能性が高いわけです。一方で、劇団飛行船の中国や台湾での公演は極めて成績がいいんですね。国内では人口減でマーケットは収斂していますが、海外市場は広大です。求められて提供するのであれば、ブロードウェイ進出のように赤字覚悟で出ることにはならないと考えています。フェラーリやニコン、ディズニーは世界中に求められるブランドだからこそ、企業として今も進化し続けているわけです。

このようにライブエンターテイメントのグローバル化は、コンテンツ進化のカギだとも考えています。〝空中戦〟と〝地上戦〟の並行電撃戦を行って、現地のニーズと合致できれば、市場は拡大していくでしょう。マスに打つのは〝空中戦〟だけれど、実はコンテンツの単体タイトル自体は意外と狭くなってきています。コンテンツの短命化は、コンテンツ企業が直近に解決すべき問題でしょう。けれども、そこで〝地上戦〟が伴えば、コンテンツの感動は長続きし、経済効果も大きい。この点を整理して戦略化できれば、あるいは現行のコンテンツ企業が長期的視点に立てれば、桁のちがうビジネスになっていくと睨んでいます。そういった企業群とのアライアンスが今後のテーマだと思います。

——電撃戦ですか。

ライブエンターテイメントから波及するものは本当にたくさんあるんだな、とますます感じているところです。そして、ゲームだけ、ミュージカルだけ、アニメだけの権利と領域に固執するのではなく、全部がプラットフォームだと捉え直した時にこそ、コンテンツの真価がより一層発揮されると考えています。中国はコンテンツが少ないですよね。だけれども、先にテーマパークを造って、後からそこにコンテンツを入れるという考えも持っています。そんな本末転倒なやり方にも可能性はありますし、視点を変えて、常識を凌駕して新しいモデルを創出していきたいなと常に練っているところです。

――本日は貴重な経営戦略をお話しくださり、本当にありがとうございました。

こちらこそありがとうございました。

【製作プロデューサー／豊陽子】二〇一七年八月二八日

それは『忍たま』から始まった

――豊さんの実績としてアニメライブの実績はいつから始まりましたか。

二〇一〇年一月のミュージカル『忍たま乱太郎』からです。

――参加した経緯を教えてください。

二〇〇九年の夏、八月でした。前職の在職中に『忍たま』の舞台化企画の相談をされていて、グリーンライトが点灯、(4)参加することになりました。

――『忍たま』の相談はいつ頃にあったのですか。

豊陽子（ゆたか・ようこ）

株式会社劇団飛行船映劇ライブエンターテイメント・プロデューサー。

1997年、株式会社ギャガ・コミュニケーションズ入社（現・ギャガ株式会社）2008年、ムービーアイ・エンタテインメント株式会社入社。配給業務グループマネージャー。

2010年　『ミュージカル忍たま乱太郎』『舞台版イナズマイレブン』を開発、宣伝を担当

2011年　映劇（現・株式会社劇団飛行船映劇ライブエンターテイメント）参画
『スーパーミュージカル　聖闘士星矢』（初演、再演）『ニコニコミュージカル「カンタレラ」』

2012年　『舞台版「コードギアス　反逆のルルーシュ」騒乱　前夜祭』『らき☆すた≒おん☆すて』『舞台版「コードギアス」』

2013年　『華ヤカ哉、我ガ一族　オペラカレイド』（初演、再演）ドラマＣＤ『ポーの一族　エドガーとアラン篇』ドラマＣＤ『11人いる！』ドラマＣＤ『闇のパープルアイ慎也と小田切篇』ドラマＣＤ『やじきた学園道中記　小鉄と挟霧篇』『CLOCK ZERO』『十鬼の絆』

2014年　『ハマトラ』

2015年　『ＳＴＯＲＭＬＯＶＥＲ』

2016年　『アルカナ・ファミリア』『猛獣使いと王子様』『カーニヴァル　始まりの輪舞曲』

2017年　『艶が〜る』など、二・五次元／アニメライブ作品多数。

二〇〇九年の一月頃ですね。私が「『忍たま』クルな！」って感じたのが、二〇〇八年の年末だったので。

――私がご相談したのが（インタビューイがロケーション開発の過程で、豊に企画の相談をした。本書第一章Ⅱ項「アニメを拡大解釈」参照）、『忍たま』の舞台化がありやなしやでなく、「今、コンテンツは何がキテる？」って話からでしたかね。それとも後楽園のシアターGロッソ(5)にコンテンツを供給しなくてはならなかった時、「コンテンツの舞台化がいいと思うんだけど何がいい？」という聞き方をしたんでしたっけ。

「何がキテる？」っていう聞き方でしたね。「私の趣味は『銀魂』と『家庭教師ヒットマンリボーン』だけど、舞台にするなら『忍たま』ですよ」と言いました。当時は特に分析作業なんかはしていなかったんですけど、単純な肌感覚で今年（二〇〇九年）から来年（二〇一〇年）にかけて『忍たま』が〝来るな〟って思っていました。舞台化が決定してから分析したんですが、六年生と呼ばれる上級生キャラクターたちのタクティクス――忍者技――がファンにとても注目されていました。『忍たま』って「乱太郎君たちチビッ子がバタバタしているギャグマンガ」という印象が強かったのですが、その当時の二〇〇八年だとアニメが始まって二八年くらいかな、原作でも一年生の乱太郎君たちより四～六年生たちがフィーチャリング（採り上げられる）され始めていて、二〇〇八年くらいにアニメでも同様な展開となったところで、「大きいお姉さん」(6)たちが作品に入っていきやすくなったんですね。ショタコン(7)でもなければ、なかなか乱太郎君たちのファンにはなりにくいんですけど、五年生、六年生の先輩キャラクターはファンになりうる。大人のキャラクターとしては先生キャラクターや、ドクタケ忍者を対象にできる。またビジュアルとして愛でる対象としては六年生がバシッと視覚にハマったなと分析できました。(8)

――製作スタッフとして参加を決めた理由は。

長年、邦画、洋画の配給をしながら制作を横で見ていて、邦画の現実とファンとの乖離がすごく気になっていたので、舞台を作るのであれば、できるだけファン側の目線に立ったものを作って、ファンが要求する、ファンが欲しい、ファンが観たいものを作るという、制作とマーケッティングの両方の視点で創りたいと思っていた時に、ちょうどお声掛けいただきました。

――内容はどのように詰めていきましたか。

「ミュージカルにするのであれば、乱太郎君たちが誘拐された状態で、六年生が活躍する物語を作ればいいのでは？」と最初に提案したんですね。それを元に登場人物が二十数人もいる初稿が出来上がったんです。それはそれですごく面白かったんですけど、登場キャラクターが多すぎるのと物語が散漫になるということで、改めて演出家（脚本兼務）には「六年生を中心にして敵はドクタケにするシンプルな物語にしよう」と話し、最終的な脚本になりました。

コンテンツの数値化はクリエイターのため

――AX－S（コンテンツ周辺コミュニティ計測システム［the Around contents community investigation system］）の開発は豊さんが基本設計したものでしたよね。

視聴率や公式発行部数というのは製作元の大本営発表であって発信側の一方的な計量報告ですから、実態としての市場計測にはもともと過不足があったんです。私がオタクだということもあって、「実際の人気はファンの側の振動――同人やコミュニティ活動こそがメジャーメント（測定）になるのでは？」と印象を計測する、そのシステムをエンジン化できました。文京学院大学さんの産学活動のおかげですね。

――コンテンツ人気の計量化の目的は？

日本のコンテンツ産業というかクリエイティヴの業界は、歴史的に計数の感覚を根付かせてきていなかったんです。ちょっとちがうな――経営者やプロデューサーは知っていても、あえてクリエイターには知らせないできた、意識させないできた、ということかなあ。クリエイターもそのことを知ってはいても、そこは苦手なことでもあって、決して立ち入らなかった。ハリウッドでもブロードウェイでも当たり前の採算性は、日本では「オレたちはカネが目的でやってんじゃねえ！」「カネ、カネってお前は守銭奴か、悪魔か⁉」ってクリエイターから罵られることになっちゃう（笑）。

――確かにクリエイターはそのプライドの位置からは動かないですよね。

おカネが目当てではない尊い作業だからこそ、寝食や生活を犠牲にできて、聖職としてみんな従事できているのは事実なんです。それは私自身もそうです。コンテンツやエンターテイメントが好きだからこそ、結婚もしないでやっている（笑）。だけど、世界の経済ルールは絶対的にそれを受け容れてくれはしないんですよ。それは日本のみのローカルルールであって、しかも破綻をごまかしているルール。清貧思想がすべてというか、義務教育におけるビジネス常識教育の欠如なのかなあ。

――うまく量産できている企業はないのでしょうか。

多くの場合、クリエイターの精神性や創作意欲を理解している経営者やプロデューサーが、「うん、うん、お前のアイデアや作品は素晴らしいね、オレはその素晴らしさをこの国でいちばん理解しているんだ。だからおカネはオレが持ってきてあげるから、お前は好きに作りなさい。お前が苦手なおカネの面倒くさいことは全部オレがやっといてあげるから。その方が楽でしょ？　お前は作ることに集中できるし。儲かったら折半だ。いや、お前には印税が入るけど、オレにはないから事業益はオレのものだよね。だって、おカネはオレが借りてきたんだよ」という感じなのかな。

その資本とクリエイティビティの関係性に対して理解の深いクリエイターとプロデューサーのタッグほ

ど、その茶番をうまく演じて宣伝にしていて、「資本対現場」のフリをして作品の商品性を強く周知できる。「圧力に屈せずに制作」とか「苦節何年、構想何年」とか、「あの伝説の原作をついにあのクリエイターが積年の思いの果てに映像化」とか。だいたい失敗するんだけど、本人たちだけは決して損をしないという（笑）。会社所属のプロデューサーの会社資本、もしくは製作委員会だけが赤字をかぶることになるわけです。赤字は倒産、失業、もっと言えば家族崩壊や再就職難に直結するけど、「素晴らしい作品を作ったんだからしょうがない。むしろ、いい作品だからよかったよね、市場は受け入れなかったけど」という評価になりますねえ。

――その構造は現在、多いんじゃないでしょうか。

でも、そんなインチキはもうファンにはバレているんですよ。だから「伝説のあの原作が待望の舞台化・映画化」とか銘打つ作品の方がコケる。ファンには、搾取先だという欺瞞が見えてしまっています。実は、資本の抱えるリスクを、クリエイターにとっての「当たる、当たらない」のリスクと比較すれば、資本の方がずっと酷薄で残酷ですよね。債務で倒産して家族離散なんていう会社やプロデューサーをこれまでたくさん見てきました。でも一緒に債務を背負ってくれるクリエイターには会ったことがありません。ファンからも「カネがすべてか⁉」なんて非難される。だから、クリエイティビティを商品や製造工場として立脚させている経営者やプロデューサーはとても孤独なんです。ＡＸＩＳは、その双方にわかりやすい、そして投資家にもわかるようにと開発したものなんですね。

――現実的に清貧というわけにはかないですよね。ギャランティー（支払い）しないわけにはいかない。

そう。番組編成にも企画開発にも、数値というのは説得力になるんですよ。せっかく出資してくれている資本に対する責任というところでしょうか。「このクリエイティビティは資本にとってこれだけ価値がある」と説明する責任が私にはあります。そうして、クリエイターの表現したいものを実現させなきゃ、という気持ちでやっています。それが制作費となり、ギャランティーとなってクリエイターを潤せるんです。

――クリエイターはその数値をなかなか体感というか、理解してくれないのでは？　ＰＬ（損益計算書）やＣＦ（キャッシュフロー）、ＢＳ（貸借対照表）は義務教育で学ばないせいか、実感として理解されにくいですね。

でもそれは、クリエイターたち自身が活動しやすくなるためにやっていることでもあるんです。資本がないと、どんなによいアイデアでもクリエイティビティでも形にすることができないのですから。

マーケティングがなければ商品価値はゼロ

――映画配給をされていたのなら、製作や制作だけでなく、そのマーケティングのスタイルがどのように構築されたかを教えてください。

私が製作参加した頃は、ツイッターが一般にちょうど広まっていった時期でもありました。『忍たま』でも公式アカウントを作ろうと提案したのですが、委員会では「まだツイッターは一部のオタクとネットを好きな人たちだけのもの」という不安をぬぐえなかったため、私が個人でアカウントを作って告知を開始しました。それが今のマーケティングのスタイルの確立に続く、一番大きなマイルストーンになったと思います。マーケティングがＳＮＳへと大きく舵を切った瞬間です。

実際、最後のキャストが決まって発表できたのが公演の前月、一二月八日だったんですよ。ファンはビジュアルを発表するまでは、内容が海のものとも山のものとも見当がついていない。「三頭身をどうやって立体化するのか？」なんて、批判の声が大きかったんです。この作品当時、インフルエンザが流行っていたこともあって、一人がインフルエンザにかかっても大丈夫なよう、乱太郎君たちの俳優の小学生はみんなダブルキャスト(9)だったんですね。当時の六年生役六人と乱太郎たち六人の合計一二人を一日かけて撮影して、原作の先生にも太鼓判を押してもらったメインビジュアルを発表しましたが、反響がすごくよくて！　そこから本格的なブレイクが始まっていったのかなと思います。「オタク大賞ガールズサイド

２００９」[10]という地味な賞があるんですが、公演前に——つまり企画で審査員賞に選んでいただいて（！）、割と大きな話題になりました。女性の審査員の方による審査員賞ですね。

——マンガ『となりの８０１ちゃん』[11]にも採り上げられていましたね。

公演前に描いていただきましたね。仲間内で話題にしていたので素直にうれしかった（笑）。公演初日に席が埋まっていなかった時、舞台上のキャストの実声で客席に対して、「とにかく面白いので、みんなの友だちに声をかけてほしい」と伝えてもらいました。それを受けて初日に来場したファンたちがＳＮＳでその声を拡散してくれたら、「面白い！」という作品評価と共にあっという間に拡がっていきました。友だちが友だちを連れてきてくれて、二週目の木曜日ぐらいから千秋楽までの五日間、満席になったんです。あの時のファンたちには今でも感謝しかないないですね。「やっぱり私たちはファンと同じ場所に立ってこそ伝わるんだ」と意識させてくれた最初の作品となりました。「ファンこそパートナー」だと。

だからその時から、ツイッターが一番大きいマーケティングツールとなりました。あとはブログ。当時は予告編動画のような大きな情報を大量に公式サイトへアップロードすることは難しい時代だったので、情報出しはブログが中心でした。日ごとに更新する材料と素材、そしてテキストを作ることにとにかく体力が必要でした。今でもファンたちの熱が冷めないように保温できる、情報上のイベントや新しいネタを準備することはマーケティングの眼目ですね。このクセはその頃に作られたものです。

――作品用のアイコンというかシンボルマーク、ロゴを作ったのは新しかったですね。「アニメ→舞台化」と、イメージに進化があったような印象でした。

デザイナーが忍者のシルエットからモノグラムを作ってくれたり、チラシも贅沢に四色＋リッチブラックという高価な印刷にしたり。原作だけにマーケティングを依存しないですむよう、手裏剣に「忍」の字をあしらって公開年を入れるというアイコンを作って、舞台マーケティングが自立できるようにもしてみました。パブリシティの掲載スピードに弾みがついて助かりましたね。権利元さんのお考えによっては言葉に基準もあるので、コピー策定もかなり丁寧に決めていきました。洋画の方が楽だったかな。洋画の権利元は「日本で当たるなら好きなようにどうぞ」という思想ですから。

――新しくプラットフォームを作るみたいな発想ですか。

そうですね。原作元さんには一つひとつご理解をいただきながら、手探りで立ち上げてきたんです。本当にウルトラＣの連発だったかも。権利元さんは本丸である映像作品のブランド管理を当然徹底したいから、新しいアイデアに対して保守的になります。二次制作、三次制作であるアニメライブは実態化なので、必ずしも原作のみのファンとオーバーラップしないし、マーケティング的には原作ファンがいる場所だけに情報を届けるだけでは興行の動力が明らかに足りないんです。だから、マーケティングが保守的になってしまうと作品は商品になれなくて、継続が困難になってしまう。そうなってしまうとファンになってくれた観客も、製作者も、スタッフも、俳優も、そして原作世界観を広げられなかった原作元にとっても不幸なはずです。そのため、マーケティングで積極的な展開ができなくては、価値はないと思っています。それにしても、東京ドームシティのシアターGロッソが満席になった景色は忘れられないです。未だに最初で最後なんですけど、千秋楽の舞台挨拶を一番後ろの座席で観ていて号泣したのはあの作品だけですね。今だと恥ずかしくてそんなところ見せられないんですけど（笑）。「新しいコンテンツのスタイルにたどり着いた」と感じた瞬間でした。

――そこからアニメライブをやっていこうという決心がついたんですね。今まで何本くらいプロデュースされているんでしょうか。

一年に三～六本やっていますので、シリーズものも含めて数えたら二十～三十本くらいですかね。

〝創りたいヒト〟だった

――それでは生い立ちを教えてください。

一九七〇年に鹿児島市で生まれました。一歳半の時に生まれた妹が可愛くて可愛くて――愛情表現の下手な子だったんでしょうね、嫉妬でもないのに噛みまくっちゃって（笑）。妹の生命の危機で「そばに置いとくと危険だ」ってなってしまったんです。人見知りしない子だったので、三歳にもならないうちに一人で連絡船に乗せられて、奄美大島の祖父母宅まで送りつけられちゃいました。島で五歳くらいまで、祖父母に育てられたわけです。小さい頃の記憶は大自然オンリー。幸いにもハブには出遭わず、青空のした、川で海で山で遊び、とにかく走り回れるだけ走り回っていましたね。

七〇年代の島生活なので、テレビのチャンネルはＮＨＫと民放が一局のふたつしかなかったんです。電話も村に一軒のヨロズ屋の公衆電話しかない。実家に電話するときは街灯もない夜道を祖父に連れられていく。とにかく星がきれいだった記憶があるなあ。幼稚園からは鹿児島市内に戻りましたけど。

――小学校からコンテンツを意識していましたか。

強烈に覚えているのは『さらば宇宙戦艦ヤマト』（一九七八年公開）、小学校二年生くらいかな。学校の長期休み――夏休み、冬休み、春休みの初日に船に乗せられて島流しにされ、最終日に鹿児島に帰ってくるっていうのがテンプレの小学校生活なんです。いつも旅の友に本を一冊だけ買ってもらっていたんですが、ある時、Ｂ６版の『宇宙戦艦ヤマト大百科』を買ってもらい寝ないで熟読！　一番最初に大好きになったキャラクターが主人公の古代クン、キュンキュンしてました（笑）。設定資料集にコーフンする小学生なんて、自我の目覚めからオタクだったわけですね（笑）。

奄美大島への海路の途上、坊ヶ崎沖で「この海のしたに戦艦大和が沈んでいる」っていうアナウンスが入るんです。「今、あの大和のうえにいるんだ」って漠然と感じていました。だからヤマトへの思い入れが無意識に植え付けられていたんでしょうね。
そういうこともあって最初に『ヤマト』に激しく燃え、次にNHKの連続人形劇『プリンプリン物語』[12]、東映の『魔女っ子メグちゃん』[13]と夢中になっていました。なにせ二局なのでクロスネット[14]されていて、友だち同士で共有できる作品自体は多かったんじゃないかな。朝起きてアニメを観て学校へ行き、帰宅してまた観て……というアニメ漬けの小学校生活でした。

――中学校は何部でしたか。

『エースをねらえ!』の影響でテニス部(笑)。岡めぐみ(主人公)が大好きで(笑)。小学校時代はとにかく少女マンガばかりを読んでいましたね。

――『週刊マーガレット』(集英社)が人気だった年代ですね。

そう。でも週刊誌は全然手に入らなかったので、コミックを親戚の家に上がり込んで読んでいました。中学校に上がっても普通に『風と木の詩』(竹宮恵子作、一九七六年)とか、少女マンガばかり読んでいましたね。中学に入ってからが完全に運の尽き。

――中学で何か変わったのですか。

友だちに『戦国魔神ゴーショーグン』（一九八一年放映）のビデオを観せられてハマったんです。それまでの食欲のままに視聴するような観方ではなくて、オタクとして映像には描かれなかった世界観の設定やキャラクターの関係性を想像する、という楽しみ方に出会ってしまったんです。もともと『ヤマト』で素質はあったとは思うんですけど。『機動戦士Ｚガンダム』（一九八五年放映）の頃には完全にオタクになっていました。

――『Ｚガンダム』では何が良かったでしょうか。

「あの『ガンダム』が帰ってくる」って事前の売り文句。最初の『機動戦士ガンダム』（一九七九年放映）は観てなかったんだけど、前年の『重戦機エルガイム』（一九八四年放映）で永野護さんのメカデザインにシビれていて、その「永野護が参加！」という情報に「これは観なくては！」となりますよね。

――一年間通期のマーチャンダイジングのアニメーションが終わってから、何年も経って続編が作られるというのは、当時としては驚くべき出来事でした。

私は『１st』（「ガンダム」シリーズの最初作のこと）を観ていないので「ふーん、『ガンダム』をまたやるんだ、観てやろうかな」ぐらいの感じだったかな。でも第一話でさっそく主人公のカミーユにどっぷり落とされちゃった（笑）。案の定、ガンダムMk-Ⅱ（放映当初の主役ロボット）も素晴らしくて。

——他には？

『ゴーショーグン』のせいで嗜好が制作会社・葦プロ[15]路線になっていたので、そのまま『超獣機神ダンクーガ』（一九八五年放映）、次に『超時空要塞マクロス』（一九八二年放映。劇場版は一九八四年公開）とか、アニメがオタク化の土壌となる黎明期ですよね。やがて到来したOVA[16]のブームに素直に浸かり、マンガでは同人の気配を強く感じる「作画グループ[17]」に出会って、『超人ロック』（聖悠紀作、少年画報社『少年キング』に一九七九年連載開始）を読み始めたり。八〇年代前半の少女マンガにはSFが多かったんです。だからSF少女マンガからそのままロボットアニメに進むのが正しいオタクの流れでした（笑）。

インターネットはなかったけど、アニメ雑誌がいっぱい創刊されていた時代で、鹿児島では作品はオンエアしていなくとも貪るように雑誌情報を摂取していたわけです。常に情報に飢えていた時代で、隣町まで書店をさすらったり、ラジオの電波が届くいい環境を求めて友人宅を転戦したり、ペンフレンドとVHSの交換をしたりと、さまざまな媒体を追いかけていた時代でした。勉強はまったくしてませんでしたけど（笑）。

——高校ではどのような方向に？

訪れた演劇部の部室にオープンリールに音楽が入るやつ――デンスケ(18)があったんですよ。それに衝撃を受けて「これに触りたい！」とそのまま入部（笑）。

――どんな活動でしたか。苦労はありましたか。

部室にはマンガがいっぱい置いてあってオタクの天国（笑）。最初にぶち当たったのは田舎ならではのもの――方言でした。「エンターテイメント＝標準語」という常識は、この時に先輩から徹底されたかな。幼時は奄美大島だし、鹿児島弁も方言としては強いので、標準語だと錯覚していた発音をこの時に矯正できた。「外郎売《ういろううり》」(19)なんかを通して、徹底的に標準語の発音を身体で覚えさせられました。

――コンテンツ、演目はどのようなものをされていましたか。

人気の戯曲家の脚本を探して古本屋を周ったりしましたね。それと、キャラメルボックス(20)さんが脚本を送ってくれていました。ありがたかったですね。最初の一本目は戯曲も演出もすべて自分たちで作り、次の一本は既存のもの――という感じで交互にやっていました。

――オリジナルもやった？

暗くやりましたね（笑）。双子に生まれて死んじゃった幽霊とお母さんの話とか、世相を反映してエイズをテーマにしたりして創ったかな。

――オタク、腐女子魂[21]はどのような拡大をしていったんでしょう。

八六年から八八年の間、部活と並行で『キャプテン翼』[22]などの少年マンガにだだハマりしました。インターネットもないからネタバレ[23]もないけれど、鹿児島は通常より一日遅れて販売されてたんです。コンビニもないから朝、書店に行って店頭にビニール袋に詰められてるのを無理矢理買って登校中に読み終え、その後はクラスで回し読みするという（笑）。『週刊少年ジャンプ』[24]の黄金時代です。

――他には？

並行して『ＬａＬａ』[25]（白泉社）『りぼん』[26]（集英社）『なかよし』[27]（講談社）の少女マンガも摂取していたかな。八〇年代中盤のアニメやマンガは接しうる限り、貪り尽くしていました。本当に親に顔向けできない（笑）。

――同人はその頃からされていましたか。

同人の話もするんですか（笑）。それこそワープロもない手書きの時代に、演劇部の先輩にそそのかされて『キャプテン翼』の話を書いたかな。高校二年で初めてライブに行ったのがＴＭ　ＮＥＴＷＯＲＫ(28)で、その後福岡までライブを観にいったりと音楽にも夢中になり、三つのマニアックな世界が並列して自分の生活を埋めていたんです。

――福岡ってどのくらいの距離感なんですか。

新幹線のない時代だから電車で四時間、バスで六時間。友達の家に泊まるって言って親に黙って遠征。未だにばれていないと信じたいなあ（笑）。

ヒトにモノを説明するために留学、そして東京へ

――高校卒業後は。

一九八八年の平成元年、「英語とコンピューターはできないとダメだ」と直感したんです。まずは英語を――と考えた時に、一〇歳の時にニュージーランドに一緒に行った恩師がいた学校を受験しました。日本語を話してはいけないカリキュラムで、超進学校からの学生もいれば、まったく英語ができない人、社

会人経験の豊富な五〇代の方までいた幅広い層の学び舎でしたね。日本語的な風習だからと敬語を使わないように英語ネームで呼び合うんです。

先生方もいろいろな国から来られていて、英語もいろんな発音に慣れました。みんなでまったく日本語使わずに屋久島でキャンプ生活とかいうのを一年。日本のことを英語で学ぶんです。「留学するにしても日本を英語で説明できないとアイデンティティが構築できない」という思想。浴衣の着方や、鹿児島・日本の歴史、そういう関係性を学んで英語で説明できることを目指していました。

――英語が得意なのはこの時の経験？

卒業してからオーストラリアに一年半ほど留学していたんです。居住権を先行で取得しないと学費が余分にかかるので、ビジネススキルだけを短期間で獲得しようと思って英語のテレフォンオペレーターや英文タイプ、秘書検定、簿記を取得して帰国しました。帰国したら日本語の専門用語の方が分からなくて混乱しちゃった（笑）。鹿児島はクイーンエリザベス二世号のような海外の大きな旅客船が来るので、旅行会社で港や市内で通訳やガイドをしていたんです。

――四年後、なぜ上京されたのでしょう。

憧れだけ。ずっと大好きなコンテンツを生み出してきた巨大都市だったからかな。後はもともと好きな人が東京にいたから、逢いたくて何の計画性もなしに。まあ三カ月後に振られるんですが（笑）。

――東京にはどのようにジョイントされましたか。

翻訳の学校に通いつつ、洋画に憧れてギャガ(29)へ。その時は、その後に一〇年もいることになるとは思ってもみなかったんです（笑）。テレビ版権から経理へ移り、社長秘書の後に劇場営業(30)を担当しました。

――ここで配給ようやくに出会ったわけだ。

意外と遠かったですね（笑）。

アニメライブの創出

――豊さんの提唱する「アニメライブ」について説明願います。

「二・五次元」は恐らく最初にネットから湧出した言葉で、それを最大手の事業者さんが認知の方法で使われてきました。協会の名前としても使われています。われわれも他の資本や原作元に説明する際には、同様にこの言葉を使用しています。ただ「アニメライブ」は私自身が名づけました。

——経緯は？

いくつか明確にあります。まずは「アニメーションを原作とすること」ではなくて、「アニメーションのようにライブ化する」という意味だということです。

——なるほど、アニメ原作ということでなくて、アニメ化するようにライブするということですか。

次に、自分たちで作り上げた作品の製造方法と製造工程の明示、という意味です。しかもわれわれの制作方法は、従来の新劇や小劇団とは流れを異にしています。だから自分たちで創出したコンテンツとして「アニメライブ」と名づけたんです。言霊《ことだま》とまでは言いませんが、商標としての意味合いが強いですね。

——映劇ライブエンターテイメントのプロデュース作品の識別信号ということですね。

そうです。最後に当社は「キャストの事前人気に依存せずにキャラクターの再現性を重視」「映画的脚本制作」「映画的実態化」の三本柱を制作のイデオロギーとしています。ワーディングとして直結しないものの「二・五次元」との区別として、意識して「アニメライブ」と呼称しているんです。原作元さんに「そんな商標を使うな」という暴言をいただいたことも（笑）。

アニメライブの製造工程と原作窓口とのイメージの共有

――次に企画の開発から興行までの流れを説明してください。

まず舞台化に適する原作を探します、次にそのタイトルの市場バリューをＡＸＩＳで計測します。イケるなと判断したら権利元に打診。グリーンライトが点いたら二つのラインが走り始めます。

――グリーンライトは「契約の締結」でいいのですか。

契約締結は公演後の時もあるのですが（笑）。最初はメールでもいいので、原作元さんから「制作を進めてもよい」旨の連絡をいただき、プロット作り・脚本作りの企画ラインと、キャスティング・スタッフィングの製造ラインの二本が同時にスタートします。

――マーケティングを入れたら実質三本ですよね。

そうです。でもマーケティングはキャストが決まってから進めざるをえないので、製造ラインのなかだと捉えています。

――脚本開発はどのように進められますか。

二点あります。一つは原作通りにはできないけど、原作のエッセンスは絶対にはずさないように意識すること。もう一つは舞台になったときの原作世界観の拡張性……進展と言ってもいいかな……それがあることです。ファンからは最初、「原作と同じものを観ることが楽しい」っていう感想が多かったんですが、どの舞台もそうなっていると食い足りなくなるらしく「もっと舞台ならではの描き方をして！」となっていくんですね。

例えば、原作が単行本で十二巻もあるのに、二時間に収められるわけはないですよね。だからと言って、おいしいところだけにオミットしていくと、今度はシーンとしては残るけど、話としては心に残らなくなってしまう。脚本を完全にオリジナルにしてしまった場合は、ファンは「怖くて観られない」という感情も持たれます。だから原作ベースだけれども、舞台ならではで、キャラクターが原作や映像よりも豊かな感情表現をするといいということです。具体的には舞台のうえから観客にちょっかいを出したり、客席へ下りてスキンシップしたりっていうのは、原作や映像にはできないことなんです。

あとは原作のキャラクターは歌わないけれども、舞台だからこそミュージカルや歌唱で気持ちを伝えることができ、そこは映像よりも感動を生む瞬間になっています。ツンデレのキャラクターでも、セリフでは語らないけど、歌で切々と孤独を歌い上げる、というのはファンにはぐっとくる。その二点ですね。基本は長い原作の起承転結を過不足なくストーリーラインに組み上げることが一番の悩みですかね。

──メディアとしての映画と舞台の特性がちがうとした時に、脚本などで権利元の人たちは何か気にされますか。

原作の窓口の方が舞台ファンであろうが、舞台を観ていない方だろうが、舞台の完成形がイメージを共有できない場合はすごく難儀します。例えば、原作にクリーチャーが出ているとした時に「ぬいぐるみですか、着ぐるみですか、ＣＧでプロジェクションマッピングですか？」となるんですね。実際は劇団四季のように、メイクや衣裳で非人間キャラクターの擬人化も舞台では成立させることができる。でも、その擬人化や見立ての感覚を理解していないと、「そんなの無理でしょう」となりがちです。

原作ファンも観客もそれを喜んで受け容れているのに、肝心の窓口さんがイマジネーションできないとまったく進まなくなります。舞台『ライオンキング』(31)の擬人化はよく知っていても、預かっている原作にそれを反映させることはできないと錯覚されているんですね。だから私の仕事は、現場のアイデアをいかに原作に想像させながら説明すること──なんです。とっても難しいんですよ（笑）。

アニメ表現の再現性について

──アニメーションやゲームのＣＧの表現に慣れている製作者や観客に対して、『舞台版イナズマイレブン』では物理的に再現性を確立していました。あの技法は権利元に求められた結果、あそこにたどり着いたものだったのでしょうか。

あの時代は展開自体に「こうでならなくてはいけない」ということがなくて、『イナズマイレブン』全体のムーヴメントのなか、舞台公演の三カ月後に映画初作が公開なので映画宣伝に乗り入れたり、千秋楽前に主題歌アーティストのライブがジョイントしたりということで大変盛り上がったんです。

――実にすばらしい作品でした。

のぼり調子の時期だったので「あれやろう」「これやろう」でアイデアを集中させた結果ですね。もちろん現場の美術や役者さんは大変だったと思います。あの作品はお忙しい日野晃博レベルファイブ社長に代わって、テレビアニメのシリーズ構成(32)をされていた冨岡淳広(33)さんにプロットと脚本を書いていただいたんです。ですから原作元からは演出部分も現場に一任していただけていました。電通さんの幹事で、アニメ制作会社や出版社にいろいろと橋渡しをしていただき、テレビコマーシャルなどの積極的な宣伝展開もしていただきました。

――かなりアバンギャルドにダイナミックな表現を追求していました(34)。

脚本・演出の大和田悟志(35)さんの魅力ですね。「客に媚びない」なおかつ「面白いもの観せたい」そして、「人間を描く」ということ。今でも思うのですが、あの作品によって得られた大切な思想というのは、「たとえ舞台上で失敗しても未熟であっても、肉体が動くことで発せられる熱や想いはダイレクトに観客に届く」ということです。今であれば、あの表現もすべてプロジェクションマッピング（プロジェクターにより、建物や空間、スクリーンに映像を投影する技術）になると思います。

発動前に敵のゴールキーパーが頭上に降るロープをゴールポストにつなぎ、技が発動したら左右の照明スポットからペンギンがひもを伝わってくるという、超アナログな美術技法の〝皇帝ペンギン〟は今でも語り草です。原作では主人公が巨大なオーラのグローブを繰り出して敵のシュートを阻む〝ゴッドハンド〟も、舞台では彼一人ではなくフォワード、ディフェンダーと全員で、黄色い帆布でオーラを模した大きな掌を表現。チームで力を合わせるため、「みんなの力が結集されているから、ゴッドハンドは強いんだ」っていう概念を表現できているんです。映像から考えるとてもバカバカしかったり、整合性がないように感じるんですけど、舞台のうえのあの演出が多くの観客に涙を浮かべさせた感動的なシーンとなっていました。公演後の夜のＳＮＳではファンの興奮や、感動の涙の報告があふれていたんです。

もう一点、『舞台版イナズマイレブン』の素晴らしかったところは、「ターゲット層が五～七歳の男の子であることはブレないでほしい」というコンセプトだったので、通常は小学生以下は入場できないのですが、「もうゼロ歳児から入れちゃおう」と、客席で赤ちゃんが泣いてもＯＫにして、チビッ子たちがとても喜んでくれたことが大きな応援となりました。またやりたいなあ、あの熱とアナログさで。

――ゲーム、アニメ、舞台と統一感がありました。キャラクターも再現性が高く、声も翁長卓[36]くんはそっ

くりでしたね。原作準拠を徹底し、アナログの現場力を積算した結果、ヒットしたのが『イナズマイレブン』ということですね。

マーケティングの思想

――マーケティングの工程を教えてください。

当社の制作思想は「キャストに依存しない」ということなので、キャストありきのマーケティングプランは立てていなくて、ターゲットはまずは原作のコアファン、その次に「二・五次元／アニメライブ」のファン。そして映画・劇場ファンでしょう。認知が低かった頃はテレビ、アニメ、マンガ、小説原作の舞台が好きなファンをターゲットに据えてコンセプトを決めていました。

次にSNSでどう展開するかですが、映画宣伝の手法で「山を作る」ことを目指します。

最後は当社のこだわりとして、キャスト発表は俳優名を推すのではなくて、キャラメイク（キャラクターとしてのメイク）をしたビジュアルを前面に出すことでファンに安心感を持ってもらいます。時間がない時は忸怩たる思いですけども。

――顧客へリーチするカギは、ネット上での情報の発信でしょうか。

そうです。初期はスポーツ新聞さんに掲載していただいたり、テレビの情報番組で取材していただいたりと、いろいろ動いていたのですが、映画とちがって動員総数そのものはサイズが小さいので、マス向けの広い宣伝が効果的でないこともあります。インターネット上の情報サイトに情報を採り上げていただき、あとは公式サイトをしっかりと見やすく作ること、ツイッターで丁寧にネットロビーすることですね。

――原作側、ライセンサーからの支援はどのようなものでしょう。

ライセンサーの思想次第です。許諾者として――原作元として作品市場の発展がコンテンツのためだと理解されている企業さんの場合は、全面的にバックアップしてくださり、持たれている媒体、手段をもって宣伝を徹底的にしてくれます。一方で舞台化が怖いので様子見をされる権利元さんは最初は何もせず、様子が見えてきたところで徐々に始められるケースもあります。

「権利エージェントとしてはやってみたいけど、原作者に説明するのがメンドいので勝手にやってくれ」「原作者はともかく私はこうやりたいのでこうしてくれ」というような権利窓口の方もいらっしゃいます。後で原作者の方に怒られるんですけどねえ……。その場合でも公演直前が最もファンは熱くなるので、手を打っていただけること自体はアリだなと思っています。やはり原作公式の決裁があることはファンの方にとっては一番強いんです。原作の方にコメントをいただいたり、声優の方にツイートしていただいたりということはなるべく行っています。

アニメライブのプロデューサーとして

――アニメライブのプロデューサーとしてブランディングというか、意識していることがあったら教えてください。

「同じ道は行かない」ということです。先駆者に拓かれた道は先駆者のものなので、そこにはあえて足を踏み入れない。みんなが知っているけどまだやっていないタイトル、難しそうでできないタイトル、もしくはこんな面白いのがあるんだよっていうのを今後も開発して伝えていけたらと思っています。

映画会社で劇場営業していた時から常に感じているのは、「マーケットを大きくしたい」ということ。コンテンツが好きな人が増えなければマーケットが縮むのは自明の理です。映劇の作品で初めて舞台に触れ、以降、いろいろな舞台も観るようになる――というのがもう一つのファンに対する目標です。新作を公演するたびに舞台に初めて来るファンが増えているのを実感します。例えば、チケットの買い方などから新規の方が増えているっていうのが見えてくるんです。

――ファンから言われてうれしかったことはありますか。

もちろん、「映劇の舞台を観て他の舞台を観るようになりました」というのが一番うれしいんです。他にも「あの時『忍たま』や『イナイレ』[37]にハマっていなければ、今頃はベンツが買えました」という、慟哭というか苦情を劇場でファンに言われてしまいました（笑）。本当にありがたいですよね。

――ほとんどが、豊さん自身の映画でのキャリアを下敷きにして、作ってきたマーケティングのスタイルだったり、ブランディングだと思うんですが。

震災（二〇一一年、東日本大震災）の頃までは映画を中心に「あれをやりたい」「これをやりたい」っていう気持ちがあったのですが、これも巡り合わせだなと思ってます。現在も続く舞台『アルカナ・ファミリア』も、この夏（二〇一七年）の舞台『神々の悪戯』も、数年の間に声をかけ続けた結果、製作に至っています。これは私の意思というよりは、「このタイミングで舞台コンテンツ化の星が巡ってきたんだな」という気持ちなんです。原作とスタッフと俳優と私が大海に流されて、はからずもたどり着いたひとつの島が、舞台公演だったのだと思います。

――映画配給会社のご出身ということで、年間のラインナップ計画、番組編成を安定されるよう画策されていることはありますか。

ご利用は計画的に（笑）。映画ほどではないけれど、初日にならないと分からないという産業でもあるわけで、作品ごとと、通期での計画をバランスよく意識することですね。もうひとつは後進育成。とにかくこの産業は人が少ないので。

――産業としてこれだけ大きくなっているのに、従事者が増えないのは最近の傾向ですね。恐らく映画やアニメーション、テレビも同じです。

最近、ＳＮＳでチケットを譲った女子大生と話をしていた時、「私、めちゃくちゃギャガに入りたいんです」と言うんです（笑）。今でも懇意のギャガの知人に連絡をとってあげることにしました。ホラ、声を上げればこうやってつながることもあるんです。だから、やりたいことがあるなら手を挙げて挑戦してほしいんです。失敗してもいいじゃん、若いんだから。私なんて留学も上京も人生場当たりですよ（笑）。われわれ製作者も「若い人材に来てほしい、後進を育成したい」ということを常々言っておかなければならないんだなって、すごく感じた出来事でした。

届けたい思い

――最後に、原作に対して言いたいこと、次にスタッフに対して言いたいこと、三つ目に顧客に対して言いたいことを教えてください。

不思議なことに原作元さんと一緒に作った作品は当たるんですね。規制的な申し渡しではなくて、舞台のメディア特性を踏まえて一緒に作り続けたいです。

――業界ルールやメディアの性質がちがうにもかかわらず、『忍たま』でも『イナイレ』では折り合いがついた。

そうですね。寄り添い合って大成功でした。ちがいを理解し合った結果、舞台ならではのものが出来上がったのだと思います。『アルカナ』では「そこまでしていただいているならお任せします」って言っていただいています。

――仕上がりを納得してくれたわけだ。

完成品――たとえばその原作ではない他の舞台でもいい――を観て理解していただければ、必ず納得してもらえるんです。目に見えさえすれば。こちらも映像や監修のプロとしてのこだわりは理解するので、一度だけでいいので舞台を見てほしいと思います。意外と「舞台は性に合わないので観に行きません」とか言われたりして（笑）。それだとライセンス先のメディア特性を理解することは難しいかなあ。

――舞台好きな窓口の方もいると思いますが。

窓口の方に多い舞台好きな方は、「あそこの舞台ではこうやっていたから、あなたの舞台でも同じようにやってほしい」「私が他から手に入れた制作予算表だとここがもっと安くなるはず」「何本も舞台を許諾してきたんで何でも知っています。私の好きなあの俳優、あのスタッフを起用しなさい」と……（笑）。ご自身がファンだというお気持ちはもちろん理解しますが、会場にも時期にも予算は左右されるし、俳優が随時にスケジューリングできるはずなどないのですよ。根源的にはそのオーダーが原作の舞台化メソッドとして正解かどうかなんですが、原作者の先生は何も知らされてなかったりしますしね（笑）。

――版権窓口は作品や舞台、舞台俳優のファンの方も多いですね。

だからこそ、「一方的でなく、一緒に作りたい」なんです。一緒に作れれば、きっと落としどころは見つかるんですよ。文字だけの小説、画だけのマンガ、そこからファンがセリフや声をイメージした時点で、すでに脳内ではそれぞれがちがうメディアになっているんです。

以前、ストーリーを順に追うのではなく、原作のここは必要だという場所のみを集約して『ポーの一族(38)』のドラマCDを製作した時、企画書を読んでいただいた萩尾望都先生から「メディアが変わるのだから、あなたの考える、そのメディアの一番いい形で出していただきたい。原作者としては内容に対して何も文句はありません。このままでお願いします」とおっしゃっていただいたことがあります。二次制作者冥利に尽きるなって感動しました。作ってこられた物語が、決して揺るがないものとしての自信と実績があるから、そう言えるわけです。他のメディアで二次制作され、形が変わったとしても、作品の真髄が変わらないとご存知だからこそ泰然とされている。何人かそういう原作者がおいででしたが、巨匠と言われる方ほど託してくださいますよね。だから私たちも背筋を伸ばして臨んでいるんです。

――先著（『コンテンツ製造論』）で東映の白倉伸一郎さんにお話をうかがった時、「原作のままでいいのだったら、別に自分たちというクリエイティビティが存在する意味がないのではないか」という趣旨のことをおっしゃっていました。原作者と作画マンガ家の関係のような、両者でファンを喜ばせるものを創る、という意思が大切ですね。

テレビアニメーションの『おそ松さん[39]』は素敵でしたよね。あれは原作の器のうえで藤田陽一[40]監督が拡大解釈をして、原作と新しいクリエイティビティを相乗させて爆発させた。キャラブレ[41]もしていないし、シンプルな線なのでキャラ崩れ[42]もない。ほんとに見事だったなって思います。もともとの原作もナンセンスマンガなのだから、原作イデオロギーとしても、楽しければ何をやってもいいということだったんじゃないかな。赤塚（不二夫）先生は間違いなく天国で笑っているだろうなあ。変化球に見えて、ど真ん中の解釈の正しい方法のひとつなんだと、思い知らされた作品でした。

――スタッフに対しては？

逆に「原作に歩み寄ってください」ということでしょうか。そのうえで、「舞台にしたらどう面白いかを予算の範囲内で考えてほしい」ということです。単に「こうしとけば売れるよね」というあざとさとか、「こうすれば楽だよね」という妥協からは新しい魅力は発生しないんです。当然、製作側も十分な期間と資金を用意できているわけではないので、妥協ではなくてお互いの着地点を見つけつつ、原作を一ミリでも意識したうえで作ってほしいです。

自身も含めて襟を正すという意味では、七〇年代生まれの私たちが楽しく作ったからといって、二〇〇〇年代の人たちにとっても面白いのかな？　って思います。我々自身も自意識を捨てて、時代に合ったアレンジを取り入れることが必要なんですよ。

――次は観客に対して。

こうでなければならないという思い込みをはずして観ていただけるとうれしいです。キャストが替わったりだとか、原作通りじゃなかったりとか、予想外のことが起きるのも舞台の魅力なんです。だから、「舞台ならでは」を見せたいんです。舞台ならではの魅力というのは、紙にはないし、アニメや映像にも発生しない、特別な魅力です。原作のアプリゲームのままだとキャラクターのビジュアルは正面くらいしかないなかで、舞台ではキャラクターが背中で語ることもできるんです。現実でも、哀愁を帯びた背中って言うじゃないですか。キャラクターの肉体――指先や視線、背中からキャラクターの思いが伝わったら、心のなかに新しい感情が励起します。原作を知っているだけでは想像できない、知識と知覚を超えた体験ができるので、ぜひ劇場に来てほしいですね。作品をもっと好きになりますよ。

――最後にプロデューサーとして、表現者としてどうなっていきたいですか。

三つあります。一つはエンターテイメントのファン――それもナマ(43)の体感にこだわるファンを増やしたいです。同じ舞台でも隣席と自分の席からでは角度がちがう。角度が変わると見方も感じ方もきっと変わっているだろうし、そのちがいを話し合うのもコミュニティとして楽しいんです。映画がそうだったように、親子や姉妹、恋人同士の共通の話題にもなる。

もう一つはオリジナルを作っていきたいですね。昨年（二〇一六年）、オリジナル映画のプロデューサーをしましたが、やっぱりオリジナルは世界観に注意しながらだけど、みんなで創っている感が全開になって、過酷なスケジュールではあってもかけがえのない時間と空間を共有できました。そうやって今までやってきた俳優やスタッフと一緒に、オリジナルの新しい舞台を作ってファンに届けたいと切に思うんです。

最後に、ファン全員の方々とたくさんお話をしたいと常々思っています。先に話したようにファンはパートナーなんです。全員の方々から舞台に対するいろいろな気持ちや普段の生活のお話も聞いて、みなさんの思いを作品に反映していきたい――そう思います。毎晩一人ずつ連絡を取って、晩ご飯を食べながら、語り明かしたい――それくらいの気持ちです。

【演出家／鄭光誠】二〇一七年八月三〇日

やってみたら楽しかった

――役者から演出へ移られたのはどういう経緯でしょうか。

もともと演出をやりたくてこの業界に入ったので、役者は現場を学ぶ意味でやっていました。

――まずは生い立ちを教えていただけますか。

生まれは東京で、自営業の父親に専業主婦の母親、姉と弟のいる一般的な家庭です。小、中、高、大と順調に進学。大学では廃止寸前の演劇サークルに親戚が入っていて、夏休みになると毎日のように遠慮なく勧誘の電話がかかってくるんです（笑）。しょうがないから、ひと夏の思い出にと参加してみたらこれが楽しくて、そのまま いついちゃいました。三ヵ月で演出を任されるようになって、気づくと没頭していましたね。就職活動間近になると周りに演劇をやっていることを馬鹿にされ、「だったら就職してやる」

鄭光誠（チョン・ガンソン）
1981年、日本生まれの在日コリアン三世。朝鮮大学卒業後、脚本家・羽原大介に師事。演出・脚本家、映画監督。マイノリティや学校教育問題などの社会的なテーマから二・五次元ミュージカル、アニメライブ作品まで広範な領域を演出している。2011年には脚本・監督・編集を担当した実験映画も制作した。
［舞台脚本・演出］
二〇〇六年　『殴られ屋』
二〇〇八年　『月夜の晩餐』（脚本のみ）
二〇〇九年　『人〜サラン〜』『地図から消された島』
二〇一〇年　『パニ・パニ・パニック』『保育士の乱』
二〇一一年　『ＨＥＲＯ　命×命』『東尋坊　〜命の番人〜』『親孝行　〜こんにちは、母さん〜』第二三回池袋演劇祭『としまテレビ賞』受賞
二〇一二年　『マネー×ハピネス』『Ａ‐15　〜アイゴ〜』
二〇一三年　『ハイエナ』『婚活の達人』『踊るＯＨ！遊戯』『この命、果つるとも』『ラストチャンス』
二〇一四年　『キャンプファイアー』『熱い奴ら！』『虚ろの姫と害獣の森』（演出のみ）
二〇一六年　『地獄少女』
二〇一七年　『イケメン王宮』『晴れときどき、わかば荘』『艶が〜る』

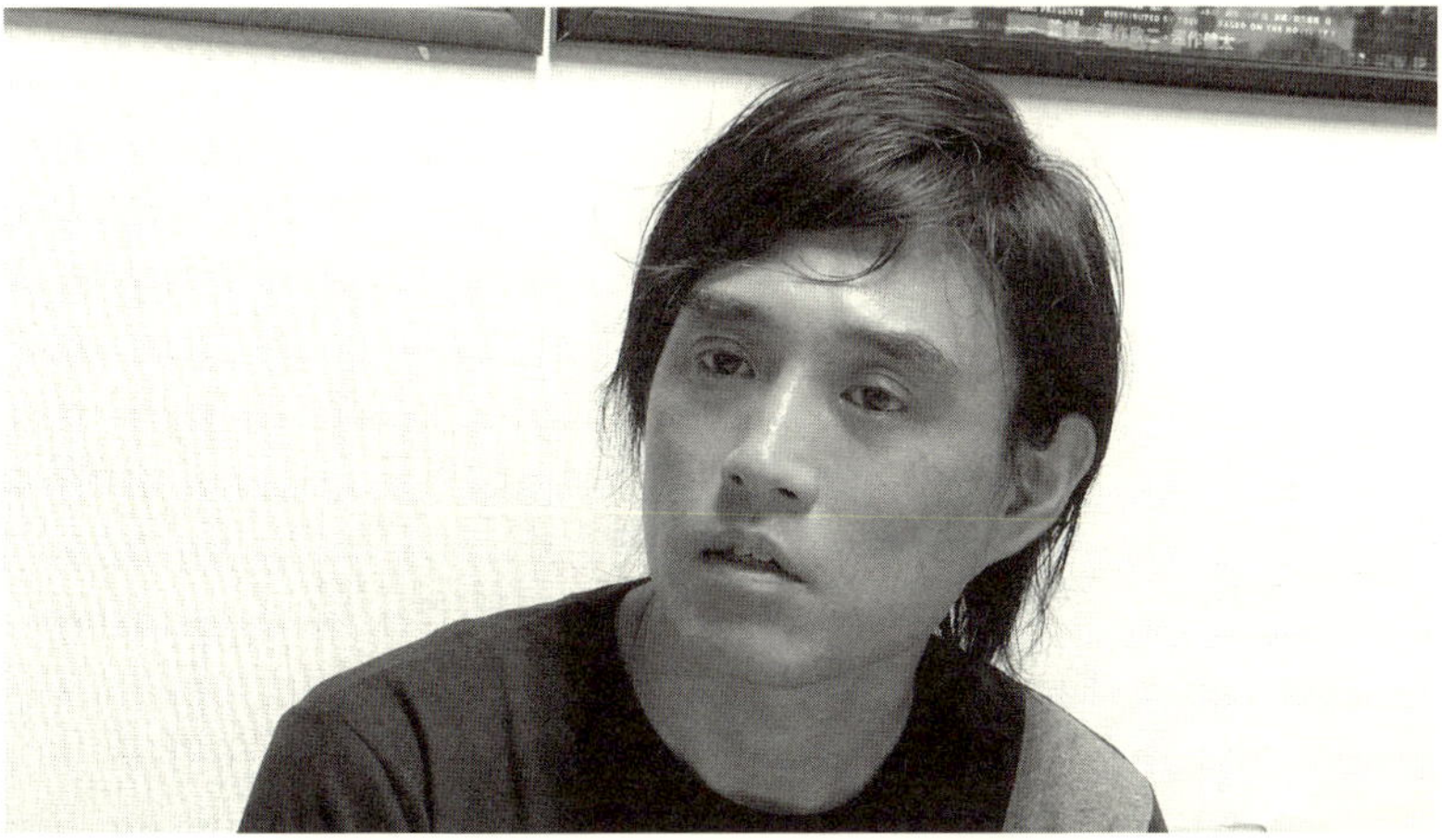

みたいな投げやりな気持ちで就職もしたんですけど、一年四ヵ月で辞めました（笑）。

——そのお仕事はどんなことをされていたのでしょうか。

商工会議所の事務です。最初から辞めるつもりで就職したので、大切な仕事は任されないようにしていました（笑）。

——仕事を辞めたタイミングで、どこかの劇団から声がかかったという感じでしょうか。

昭和芸能舎(44)です。有給を使えば夏休みが長く取れると思って、在職中に夏の公演のオーディションを受けに行ったんです。有給休暇の申請を出したんですが拒否されて、結局、辞めました（笑）。いろんなことをやってみたいという思いがあるので、一ヵ所に落ち着けないタイプなんですよ。来た球はなんでも打つように仕事をやっていました。

マイノリティの視点と演出技法

——創作において、ご自身の国籍は演出理論を構築する要素になっているものですか。

在日だから舞台をやるという感覚は、まったくないですね。ただ社会的弱者からの目線は常にあります。マイノリティの視点ですね。ぼくが小学三年生の頃に小学生料金になりましたけど、それまでの鉄道運賃は大人料金でした。インターハイに出られるようになったのも中学生の頃。そんな境遇から、社会的な弱者へ視点が向きます。マイノリティの気持ちが動くのでしょうね。

――鄭さんの具体的な演出の工程を教えていただければと思います。

最初に本読み。[45] ぼくの場合はそれに対して、イメージで選曲した音楽を合わせたり、効果音を出したりもします。

――ご自身でタイミングを取って、ＰＣで音楽を再生していましたよね。

それからミザンスという立ち位置の確認作業。この時に、俳優にはキャラクターの関係性をより具体的に意識してもらいます。それから立ち稽古で芝居を作っていきます。

役者の仕上がりや偶然性を大事にしたいので、脚本の改訂はギリギリまでやりますね。自分のイメージが一〇〇％だとも思っていなくて、最初は孤独な作業の段階から始め、そこから役者だったり、制作側だったり、原作側だったりみんなでアイデアを出し合って、美術から照明、音響が入ってくるとまた化学反応のようにイメージが膨らむこともあります。理論的よりはなるべく肌で感じていたいという思いが強くあります。そして、通し稽古、衣裳付通し稽古、ゲネプロ[46]と進みます。

——拝見していて他の演出家とは稽古場の雰囲気がちがうと感じました。最初の本読みから音楽で世界観に引きずり込む、最初からゲネプロのような空気、あれは鄭さん流でしょうか。

最初に空気とか世界観とか雰囲気をつかんでもらいたくて。そうすると役者も乗ってきます。

——稽古期間が短くなっていても、最終の追い上げ力がすごい。役者をゴールラインまで引き上げる感覚ですか。

最初から方向性やゴール地点は見えていますが、もちろんそこまでのいろいろな過程はありますし、最後はどんな形でも必ずうまくいくんですね。序盤をしっかり立ち上げて、中盤でそれぞれのキャストの気持ちが出てくるので、そのイメージを採用していくと他の流れも決まっていきますし、後半ではあまり口出ししない演出です。

——ハッパをかけてもどうにもならない俳優はいますか。

いますねえ、自分自身の力で変えなければどうしようもないです。でも見捨てない（笑）。

――一〇代だと外見だけで起用されるケースもありますが、共通言語を持てない俳優の場合、どのように指導されていますか。

ストレートに言いますね。本人も外見だけだってなんとなくわかっているんですね。芝居ができていない現実を突きつけますし、できていると思ってしまっている人の場合は、撮影した動画で見せつけます。

――鄭さんはいつもキャメラ回されていますものね。芝居の作り方は、役者にキャラクターを作ってきてもらうスタイルですか。

基本は台本だったり、稽古場で大まかなプランやルールを出したりして、その後に役者さんが持ってくるものを一緒に調理していきます。

――アクションのある場合は、ストーリーに溶け込むように意識されていますか。

『夢舞台　艶が~る　初宴』(47)は、あれほどまでに殺陣を入れるのは初めてでして、俳優に物語を意識したうえで動くように言いました。「何のために戦っているのか?」「守りたい義とは何なのか?」――その点をきちんと考えて演じるようにとは常々言い聞かせました。

――舞台が始まったとき、毎回の公演に立ち会われるタイプの演出家ですか。演出家さんによっては、稽古中は芝居の確認のポイントだけで、舞台は初日、楽日にしか来ない人物もいますよね。

ぼくは全部立ち会いますね。たしかに興行が始まったら来ない人もいるけど、芝居は本番中も進化するものなんですよね。役者には「いてくれてありがたい」と言ってもらえます。

――その演出スタイルの確立はどのような経緯で。

演出助手[48]の時代が五年間くらいありました。おっしゃるように本番中に抜けたりする演出家に付いていたので、現場で役者から「ダメ出し[49]がないし、演出家もいないので不安なんですよ」と言われちゃったんですね。ぼくは演出助手であって演出家ではなかったので、アドバイス程度しかできませんでしたが、感謝されたということがありました。本番中にずっといるのは、その頃からですね。

――演出助手って舞台独特の役職ですよね。

現場によってちがうかもしれませんが、演出助手と演出補佐とがいますね。演出助手はスケジュール管理だったり稽古の進行だったりという事務的なスタッフで、演出補佐は演出的発言もできるので、演出家が不在の時に演出の発言をしてもみんなが納得します。本当は、演出助手が演出的なことを言うと「お前なんやねん!?」ってなりますよ（笑）。

二・五次元／アニメライブの演出、モンタージュの効用

――オリジナルの舞台と二・五次元／アニメライブと呼ばれる舞台との演出はちがうものですか。

ちがいますね。根本は同じですけど。二・五次元は難解ではなく、わかりやすく観せなくてはならないし、日常のお芝居も、派手さよりも言葉の深さだったりに重点を置きます。

――原作ものを舞台化するとき舞台用の調理加工は必要になると思いますが、そのあたりはいかがですか。

いかにわかりやすくして、入口を広げられるかが大事だと思っています。最初の一五分内に作品の目的を示して、モンタージュ(50)などで観客のハートをつかんで、そこから原作通りのシーンだったり、その裏のシーンを想像したものを展開するとかして、観客の心を休ませないように意識しています。原作ゲームのシークエンス（順序）はそのままだとつながらないことも多いですから。

――モンタージュについて具体的に教えていただけますか。

O ISHII
前田 愛
石垣佑磨
STANCE PUNKS

モンタージュは見やすくてキャラクターをみんな出せるんです。キャラクターのニュアンスをフラッシュ的に演出し、アニメのオープニングムービーのように楽しさや、面白さを主眼に行っています。セリフがないので観客が想像力を上げてくれますし、感じやすくなりますね。何度も来場される方の場合、モンタージュに後半のシーンを入れたりするので、それだけで泣く方もいらっしゃいます。後半はどうしてもセリフの量が増えがちだから「それ以上しゃべらないで」と感じる瞬間も生まれるので、そんな時は音楽の動きだけで見せると観客も頭のなかで整理がつくので、時間経過としての演出にもなります。

――そうすると、原作への対応としてもモンタージュは効果的ですね。

どんな技法も人任せにせず、周りの情報を常に吸い上げて把握し、一番いい舞台効果になるよう、最終的にぼくが決めています。

二・五次元／アニメライブの観客の心理と原作、俳優

――観客は二・五次元の舞台を他のコンテンツとどうちがうと感じていると思いますか。

まず「そのキャラクターを観たい」という感情が単純にあると思います。観客にとって「自分のイメー

ジと一致するかどうか」というのが大事な部分でしょうね。役者自身も感じていると思います。ところが結局、舞台は最前列から四列目くらいまでしか顔が見えないんですよ。だから容姿で満足度の七割がＯＫだったとしても、結局、中身をどう作っていくかが勝負になっていきます。観客もそこに気づいています。

——原作の延長、もしくは原作の世界の一部として実態化しているわけですか。

観客の近くにキャストが来た時、「キャー!!」というアイドルに向けるような嬌声が上がります。本物のキャラクターが実態化しているからです。もちろん、入れなければならない原作要素は原作元に確認しています。それに、もともと二・五次元／アニメライブは、演劇が好きで観に来ている観客ではないわけです。だからこそ、これをきっかけに好きになってもらおうと作っています。

——どのような原作元が相手だと仕事をやりやすいでしょうか。

原作元から「絶対にこうでなくてはならない」というオーダーが多いんです。その場合というのは、原作元の担当者が舞台の特性を知らなかったり、経験不足で物理的な制限を計量できなかったり、予算を計測できなかったりということがよくあります。ですから、知識を得ていただければすぐに着地できます。アニメやＣＧだと表現できても、舞台のうえの物理法則では絶対に無理なことはよくあります。不可能なものは不可能なんです。ところがそういう知識を得ていただくと、いろいろな可能性が生まれてきます。

譲歩というよりも、力を合わせれば必ずいいものができるんですよ。「それはそちらの都合でしょう」と最初から言われると、説明の労力が増えるだけで（笑）。

主催も原作の力ではなく若い俳優の人気で券売することもありますから、原作の窓口さんから「私はあの俳優のファンなので主役には彼がいい」と指定されたりすることもあります。ぼくは原作企画が大好きなので、そういうときは「うちの原作ならだれが演じても大丈夫」と自信を持ってほしいんですね。

――どんなキャストだと目をかけやすいですか。

意欲的な子ですね。芝居に対して常にプランを持ってきてくれる人の方が面白いし、いいシーンが出来上がります。逆に、言われた通りにしかできない人は付き合うのが難しいんですね。若い子たちはそういうことが理解できていないので、教えてあげなければならないから、「提案してみな」って一回放置して投げちゃうんです。それでもそういう子は絶対に自分で答えを出せないので、考える時間を与えるようにしています。

ところが、考えさせられずに生きてきてしまった子が多いんですよね。プランを持ってきてもどうせつぶされてしまうと考える人や、考えること自体がむしろダメだと思っている人もいるので、「前の現場ではそれでよかったかもしれないけど、この現場はちがうのできちんとしたプランを自分で持ってきてもらわないとどうしようもないよ」とは言ってあげます。自分で考えることを覚えると楽しいんですよ。やっている自分たちが楽しくないと面白くならないですよね。

プロデューサーへの期待、二・五次元／アニメライブへの期待

――演出家として製作者（興行元）に対して期待があれば教えてください。

ビジネスとしてしか考えていないのかなと感じることもあります。「なぜ今これをやるのか？」という目的やコンセプトがあってほしいなと思います。作品をやるときに意味があると影響されやすい性格なので、演出家にとっての熱量にもなるんです。自分のスタンスだけで進めると結局は面白くないと思うんですね。目的がはっきりしないと、やり方も演出方法も一辺倒になってきてしまうので、プロデューサーにも新しいアイデアを出してもらって組み込んでいきたいんです。そのアイデアについて勉強や調査をしていくことで変わったりする部分もあります。演出家が作る作品だけれども、プロデューサーが作った作品でもある、という感覚が生まれますしね。

――今後、二・五次元／アニメライブはどうなっていくと思いますか。

日本はアニメやマンガが強い国なのでまだまだ続きますね。市場も二八～三五歳の世代が牽引していっているので、そこがいなくなるまでに新しい層をどこまで育てられているかがポイントだと思います。ときおり、そんなに未来はないんじゃないかなと不安に思うこともありますけどね。

――私は、舞台発のオリジナルコンテンツが大きな潮流になると思っているのですが。

劇団☆新感線のような成功例もありますが、真似するのではなく、独自の世界観で勝負するべきだと考えています。例えばダークファンタジーのような暗い物語や、難解な政治の話でも観客はたくさんいますし、作品自体にいくつもの層が存在しています。舞台のうえのダイナミズムや演出そのもので勝負したいですね。東京二三区だけでなく、国内全体や世界的な視野で制作したいとも考えています。忍者やサムライ、チャンバラのコンテンツがラスベガスで人気を博しました[51]。海外に一度出して逆輸入するのもありだと思います。映画も作りましたが、映画祭での評価を受けるとそれ自体がマーケティングになるし、作品も残ります。

――映画と舞台で、現場の理論や演出、方法論はどのようにちがいますか。

映画の方がちゃんと計算しておかないとつながらないですよね。画がつながらないのでカット割りや間《ま》とか、音楽も想定しながら撮影していきます。舞台ではやっていくうちに考えればいいことを、映画は事前に計算しておかないと後で大変なことになります（笑）。後は時間や自然現象との勝負だったりします。そう考えると映画を撮って舞台を手がけた結果、演出をイメージする強さは変わったのかなと思います。演出方法は変わってきますけど、観客に届けたいテーマだったり、想いだったりという根本的なところは、両メディアとも同じですね。撮り方でなく演出なんです。

――舞台自体のメディアは今後どうなっていくと思いますか。

なんでもできるので続きます。韓国にはマダン劇という民間文化があるのですが、昔の出来事を口伝《くでん》して、踊りや金物（打楽器）とかを使って話をつないでいく演芸で、日本の能のようなものです。そのへんの広場で民族衣装を着て、民族打楽器を置いて、それを囲んでみんなで昔話をする。場所さえあればどこでもできるので、紙芝居に近いかもしれません。

――演劇はエンターテイメントの原型であって廃《すた》れる理由はないわけです。今後、ライブエンターテイメントの価値は上がっていくと思いますか。

今のムーブメントは二・五次元や大型作品に限ったことだと思います。そこが業界を牽引しているのは事実です。映像が沈下した一方で、その分ライブエンターテイメントが上がっただけなのかもしれません。その位置の逆転化はもっと進むでしょう。

――夢の遊眠社(52)や第三舞台(53)が流行っていた八〇年代から九〇年代の流れと比較して、小劇団の状況はいかがですか。

一部の劇団は閉塞していますね。若い人たちが狭い視野の経験値だけで演出しているので、理論が確立されていませんし、大きな作品を観にいくでもないので自己満足から逃れきれていない点が心配です。八〇年代の人たちはあふれる想いを舞台に乗せていたような気がします。比較して今の人たちはそうではないように見えちゃうので……、人気取りを目的にとりあえず続けて、名前を売っているだけという印象ですね。

——最後に一言。

舞台は敷居が高く感じられてしまうのですが、すごくいい舞台っていうのは意外にそのあたりに転がっていいます。ファンの方々には二・五次元以外でもいろいろな作品を観てもらって、それをきっかけに舞台そのものに興味を持ってほしいですね。入口はどこからでもいいんですよ。老舗の劇団など本当に面白いと思います。そういったコンテンツを体感してもらうと、今までにない臨場感が伝わって、新しい感情が湧き上がってくる。そこが、舞台が映画というメディアとはちがう一番の魅力なので、楽しんでいただけたらなと思います。

——本日はお忙しいなか、本当にありがとうございました。

ありがとうございました。

【音楽／印南俊太朗】二〇一七年八月二三日

家庭環境が音楽環境

――まず、音楽をされるようになったきっかけを教えてください。

二〇〇七年頃、結構大きな場所で学生演劇をやったことで入ったんです。二〇〇九年頃にはチケッティングするようになって、小劇場のものなどからミュージカルまでやりました。仕事というよりもサークルみたいな感じで始めて、自分たちで企画してプロジェクト公演をやっていました。作品数だったら五〇本くらいですね。もともとは演奏が先です。演奏自体は父親がクラシックギタリストだったこともあって、その手伝いで中学生ぐらいの時からさせていただいていました。ピアノも習っていましたけど、最初はドラムです。

――物心ついたときから音楽に囲まれていたんですね。

印南俊太朗（いんなみ・しゅんたろう）
1986年、栃木県生まれ。音楽監督、ドラマー。尚美学園大学在学の2009年より舞台作品の音楽を担当し、国内の大小の別なく舞台作品の音楽監督を務める。

朝のモーニングコールが父親の練習するギターの音色だったりという感じです。幼児期時分、父は早朝からすごく練習していましたね。

――音楽を生業にされようと決意されたのは。

漠然と後になって気づいたと言いますか。小学校の卒業アルバムには「音大に入って作曲家になる」って書いてあったんですよ。まったく覚えていないのだけれど、子どもの頃から何となくやりたいと思っていたのでしょうね。

――親があることに完成していると、ちがう道に進もうと抵抗する子どもも多いと思います。やっぱりお父様を尊敬されていたわけですか。

尊敬という意識ではなかったと思うんですけれども、やっぱり、音楽で食っているってすごいことですよね。

普通、食えないですもの。しかも子どもたち三人、姉弟みんなを私立学校に行かせてもらっているし、ぼくと弟は音大で普通の大学よりずっと学費も高いですからね。子ども全員を大学に出させて、家も建てているわけだから、「ようやるわ。すごくがんばったんだろうな」と思っています。

——印南さんの守備範囲の広さに感じるのは、こだわりを持たず、いろんなものを吸収して形成された結果という印象です。

一番最初はアニメのサントラです。小学三年生で『新世紀エヴァンゲリオン』(54)（一九九五年放映）。鷺巣詩郎(55)さんの曲が実に素敵でした。小学校五、六年頃に『カウボーイビバップ』(56)（一九九八年放映）で菅野よう子(57)さん。カッコいいじゃないですか。ジャズなんか聴いたことなかったものだから、「いったいなんだろう、このジャンル？」ってそこからジャズを聴いてみたり、やがて普通の邦楽、洋楽にとどまらずにハードロックだったり、メタル、パンクだったりと聴くようになりましたね。

——音楽を目指したというより、環境そのものが音楽だったわけですか。しかも最初から劇伴(58)作曲に志向性を持っていた（笑）。

演奏だけで食べていくのは難しいかもと考え始めていた頃に、ミュージカルの作曲の依頼があったんです。舞台の音楽には映像とはちがうノウハウが必要だし、舞台用に自身の理論を作っていければ勝機があるのかなと思いました。日本のミュージカルが海外でヒットしたって聞いたことがないんです。映画やアニメ、ゲームでは日本発のヒット作がたくさんあるけれど、ミュージカルでは聞いたことがありません。演出家が海外公演するのはニュースになりますけど、ミュージカルの輸出はない。なぜだろうからいろいろ考えて、そこに至ったんです。

機材とスタジオ、そして速度

――機材はどのようなものを使われていますか。

ＤＡＷ[59]（Digital Audio Workstation）、ＤＴＭ[60]（Desktop music）ですよね。パソコンで音を作る。メインはｉＭａｃにCubase[61]（キューベース）というソフトを載せています。最近はサンプリングでなくてもソフト内蔵でいい音源がいっぱいあるんで、キーボード自体は普通のものですね。Midikeyboard[62]を普通に使っています。屋外の演奏をする必要がある時にはローランドＲＤ７００ＳＸ[63]（以下ＲＤ）という、八八鍵のものを使うかな。

――ご自宅のスタジオの説明をしていただけますか。

自分で研究して遮音と防音を一緒に施工しました。防音の前に遮音をきちんと施工してからでないと防音吸収材に音を吸収させられないんですよ。何層かのパネルで部屋を覆ったら音がいい感じに死んでくれたので、ほとんどの作業はそこで完結しています。

――歌唱指導の際はどのような機材を稽古場へ持ち込まれますか。

ＲＤは三五kgあるので軽量なキーボードを持ち込みます。音の確認のみの用途ですので、特によい音質をとはこだわってはいません。

――納品用のフォーマットはどのようなものですか。

ＷＡＶ[64]です。デモ段階はＭＰ３で聴いてもらっておいて、納品はＷＡＶデータです。

――ＷＡＶはチャンネルがたくさんあるものなのですか。

いえ、ＷＡＶは音質の形態なんです。ＭＰ３は人間が聴こえる範囲のものだけを切り取ったものと言ってよいデータ形式なんですが、ＷＡＶはその周りの聴こえない範囲も入っています。

――舞台用にミックスダウンして音源化したものということ？

そうです。本来は一曲のなかに二〇～三〇チャンネルくらい音があるものを、最終的にＷＡＶに落とし込みます。そのなかである程度定位（音の位置）を決められるのでパン[65]とかイメージャー[66]と言われるソフトを使って奥行きを出したり、楽器の位置を決めたりするんです。ライブを思い浮かべていただくとわかりやすいのですが、ドラムの前にギターとベースとボーカルが一直線に置かれるっていうことはないですよね。それぞれの音がぶつからないよう、ちがうところに配置したり、隙間を入れるから聴きやすくなったりするんですよ。

――劇場によって音響の配置がちがいますよね。劇場に入った後にそれは調整したりするものなんですか。

むしろ「あの劇場での興行だから、こう作んなきゃ」という感じです。劇場の壁の素材とか残響率とかは事前に見ますが、経験を積んで学ぶしかないんです。例えばＣＢＧＫシブゲキ!![67]ではかなりロー（低音域の部分）が回りやすいんです。つまり、周りと共振してそれ以上の音量になっちゃいます。音は波形なので、その波形がいろんなところに跳ね返って耳に入ってくるだけなんですけど、その跳ね返りがすごく跳ね返りやすい場所っていうのが素材によってあるんですよ。響いたときにブルブルするのを経験されたことがあると思いますが、劇場によってその感じは全然ちがいます。こればかりはいろいろな劇場を経験して、学んでいくしかないですね。

――その努力は製作者もキャストも気づかないですよね。

気づいていないですけど、ぼくら以外は気づかなくてもいいことですからね（笑）。「観客席でナマの役者の声が聴きやすいのは新宿村ＬＩＶＥだ」なんていう情報のアーカイヴはぼくたちの仕事であり、感覚です。それをわかっていると、静かなシーンを演じるときに、必要以上に音楽で煽らないで空気感を優先できると音響設計できるわけです。静かなシーンは静けさが作るものですから、その静けさを演出するためにシンプルに作ってあげて、情報量を少なくしておけば観客が拾いやすくなります。逆に聴こえにくい劇場ならば、ブースター的に音楽を出すようにします。

――一日に何曲作られるのですか。

一番多くて一日に二〇曲かな。それは火事場のバカ力で量をやっつけるようなものですから、決して会心の一撃じゃないんですよ。毎日がそんなペースではなくて、がんばらなくてもいい時ならばＢＧＭを一日五～一〇曲くらいですかね。一作品で使用する曲を毎日二〇曲くらい作るのを数日間でやっちゃうんです。制作期間が一週間もあると、むしろできないかもしれないですね（笑）。作家心理としては夏休みの宿題をやっつけるのに近いですよ。でも、早い段階から前倒しして作曲作業を始めると、あるタイミングで何かが来るんですよ、降りてくるんです。そして、やんなきゃという精神状態になると集中が途切れなくなって、もうやっちゃえって一日中バンバン作っていけちゃうんです。一日で作れる曲数が増えた方が、単純に休みは増えるわけです。休みが増えて儲けが増えるってことは、今後のぼくのビジネスに可能性や時間の余裕を作ってくれることになりますから、作る速さは大事ですね。

歌ものはだいたい一日一曲ずつです。切羽詰まって一日二、三曲を二週間作り続けたこともありましたね。でも歌ものは作業的に手間がちがうんです。言葉と音符をハメていく作業ですから、曲調と言葉がきれいにハマるようにしないといけないですよね。納得のいくメロディで納得のいくマッチをし、かつミュージカルとしてキャラクターの心情に寄り添った歌となるよう作業を始めると、だいたい一日に一曲です。

作曲の技法として

――どのように作曲されていくのですか。

劇伴の場合、まずは世界観や空気感を捉え、キャラクターの心境を想像します。状況をざっくり想定して作るやり方が多く、ぴったりとそのシーン用に作るよりも、汎用性を高くし、余白を残して作る感覚に近いですね。劇伴はおおむねそうやっていて、映画もアニメもミュージカル以外の舞台もそういうふうに作りますね。

この作り方だとその後の修正がやりやすくて、スピードが速いんです。別のシーンで使われることも普通にあります。アニメや特撮でも同じですよね。演出家が、気に入った曲を繰り返し使うこともあります。

『エヴァンゲリオン』なんかきっとそうですよね。サントラCDに知らない曲がいっぱいある（笑）。この前担当した『The Stage　神々の悪戯　太陽と冥府の希望[68]』もそうでした。使い場所を融通が利くようにするため、空気感を広く作ってみたんです。そのシーンでしか使えないように作るというのは、むしろ、それはそれで難しく、使いこなすのも難しいんですよ。脚本家も演出家も音楽家もそれぞれが作家だから、完全に合致するわけではないので、余白を作るイメージです。

――ご自身の意図した使われ方とちがう使われ方をされた時は、どんなお気持ちですか。

なるほど……そういう感じで使うんだみたいな感じです（笑）。受け取り方も人それぞれなので、自分は「こういうふうに受け取られるだろう」と思って作るけど、世の中で想定外はいっぱいありますよ。ただし、全体の流れを見れば腑に落ちることは多いですね。「ああ、そう見せたいから、こうしたんだな」と、納得することも多いんです。意図を持つ演出家さんはそうであることが多いです。

――いろんなコンテンツに伴う音楽があるなかで、ご自身が作られている舞台用の音楽は他の映像などとの音楽とはちがう点がありますか。映画とアニメとミュージカルとで明らかにちがうところなど。

イントロですね。ミュージカルというのは、歌い始めれば成立するコンテンツなんです。例えば、彼氏が浮気をして彼女が怒って家を飛び出す曲があった時、歌い出してしまえば怒っているシーンになるんです。「信じられない」とか「なんでそんなことができるのか、私にはわからない」とか「あのときはあんなに優しかったのに、あれは嘘だったの」と歌詞で話を進められるわけです。

でも、その前の怒りにしても、ふつふつと怒っているのか、メチャクチャ怒っているのか、さまざまな怒り方がありますよね。そのパターンで音楽も変われば、演出も――ひいては観客の感動の質も変わってしまうものです。しかも怒った瞬間に音楽が入れるのか、怒った後の動き出しに入れるのか、怒る前に先行で動き出した方がいいのかを決めなければならないですよね。そうしたことに確実な意図を持って演出しなければならないのが、ミュージカルの難しいところです。そんなふうにどのシーンにも意味を持たせて構築するのは大変なんですけど、一方でそこが面白いところでもあります。そこをロジカライズできれば成立すると考えています。

同じメロディラインで他のシーン用の音楽を作りもしますけど、歌もののイントロにはやっぱりそうい う意図が明確でないとだめなんです。それで、観客はイントロで泣くんですよ。歌の場所なんて知らないだろうに、イントロだけで涙をこぼしてくれるんです。それは歌のイントロであるのと同時に、感情のイントロにもなっているからなんです。音楽によって感情の輪郭がくっきりと浮き出てきます。劇場で体感すると、感情の位置が映像よりもぐっと前面に迫ってくるから泣けてしまうんです。それはイントロと観客の感情とがワークしているってことです。もちろん、その先の展開を予想して先に涙が出るのかもしれませんが、イントロが予想の手助けをさせているのは事実です。音楽が観客の感情を先取って代弁しているんですね。同時にという場合もありますし、音が後から、という場合もありますけど。こうして、登場人物の心情に合わせて書くこともできるし、登場人物同士のやりとりの空気感に合わせて書くこともでき

鮫肌男と桃尻女
SAMEHADA-OTOKO&MOMOJIRI-ONNA

るんで、どうすれば観客に一番響くかを考えてイントロを作っています。

――俳優からの理解や歌唱指導も重要ですね。

役者さんに意図が伝わらないと噛み合わない芝居になってしまうから、「こういうふうにやるとテンポ感に合うんだよ」って指導もします。しっくりくる、こないという点でいえば、役者の歌いたい気持ちに速度や長さを合わすこともできますが、演出の観点からするとその曲のテンポ感を役者に理解してもらうことが必要になります。そればかりは結構難しいですね。

音楽担当としては、歌唱自体の演出の実権をかなり握っています。どこで間を取って、どこでまくし立てて、どこで気持ちが昂って高い音で歌い出し、いい声で伸ばす――なんかをすべて委ねてもらっているんです。音楽的ディレクションだから最近は音楽監督って自称させてもらってます。

――セリフの演出と同じくらい重要性がある。

ポンと指導した方がいい瞬間もあるし、俳優の感情が生まれた瞬間に入ってあげた方がいいケースもあるし、俳優の感情が動いた瞬間に入れる時があったりもします。でも、その瞬間だけについていってもダメなところが難しいですね。物語、演出のすべての流れをつかんで、そのなかでどの方法が整合的で理にかなうかを見るようにしています。意図がなければ、意図を酌み取れないですよね。ただ、見ていけば見ていくほど、意図を酌み取るものを増やせるし、感動を創り出すこともできます。拾われないにせよ、それを拾えるようにしたり、詰め込んだりしていくのが、いいクリエイティブなんじゃないかと思います。

――印南モードですね。

どんなコンテンツであっても、ヒロインの泣いてるシーンに理由がないってことはないはずです。それを突き詰めるのは手間で、時間もかかるんだけど、出来上がると舞台ならではの感動になります。そういうのは役者のスキルが高い時には大丈夫なんだけど、あまり音楽としての想いや要素や意図が多すぎると、役者に生まれる力にぶつかって阻害してしまうこともあるんですね。特に二・五次元をやるときは、BGMが三歩くらい後ろに入れるような状態を作ることを意識しています。『夢舞台　艶が〜る　初宴』の殺陣シーンの音楽は、アクションのエネルギーで感じるものを倍にするよう、アクションのブースターとして作りましたので、もちろんそれ以外の作り方もしますが。

――音楽が立ちすぎてはいけないということですね。稽古の途中でプランが変わってしまった例なんてありますか。

あります！　あります！　もういっぱい（笑）。歌唱指導は任せていただくことが多いんですが、ミュージカルだとこうしなければダメという点が、同じ舞台でも二・五次元では別のやり方の方がファンに響くだろう、と思い直すこともあるんです。例えば、歌うべきところをあえてセリフっぽくしちゃう方法論なんてのもあります。ミュージカルの場合だと輸入戯曲や楽曲の翻訳でもあったりして、言語的にセリフと歌のちがいを落とし込めていなかったりすることがよくあります。ところが二・五次元では、落とし込みもできるし、言葉の拾い方も変わるわけで、二・五次元の方がクリエイティビティの側面が大きいように感じています。「楽しんで歌っちゃいけないキャラクターが不満そうに歌う」というシーンを、二・五次元だと「キャラクターがかわいい」とファンが感じてくれるという独特の楽しみ方もあります。それに、二・五次元には尊敬できる俳優も多いんですね。

――公演までに稽古場が家族みたいになりますよね。お互いに影響し、支え合えっているような感じで。

たった一ヵ月の稽古で、キャストもスタッフも新入社員として仕事をして確実な成果を公演で出し、そして次の職場に向かう、そんな感じですよね。その職場で全力を尽くしていないと、次の現場で人間関係がうまくいかなかったり、悪い評判が次の現場に伝わったりしちゃいますから、広いようで狭い業界なんですよ。だからその瞬間で、どれだけお互いに歩み寄れるかが問われている面があります。

作った音楽がハマり、稽古の過程や役者の仕上がりを見て面白くなる予感を感じ、さらに自分の音楽によってその流れが美しく完成していくとなると、音楽監督冥利に尽きますよね。そこでぼくとしても、どのように効果的な貢献ができるのかを考え、稽古場でスタッフたちと同じ時間と空間を共有することでモチベーションをもらうわけですから、稽古場はやっぱり原点ですね。

――歌唱はどのように指導されていますか。一人ずつ仕上げていく？

理想はもっと丁寧にしたいのだけれど、最近は稽古場の使用に時間制限が多いんですよ。個人でレッスンを引き受ける場合でも、本当は一曲あたり、一時間半から二時間は取りたいところなんです。現場で一人一曲ずつとした場合、一曲ずつは指導していってますね。全員で歌う場合は、楽譜の一番うえから歌ってもらって一パートずつ仕上げていく感じです。合わせるのは時間がかかるんですけど、実はその方が俳優さんたちには学ぶことが多いと思います。

一番いいレッスンはレコーディングなんですよ。自分が歌ったものをすぐに聴くことができるからです。例えば「手をまっすぐ横に伸ばしてください」と言われて撮影して、写真で確認すれば手が下がっているのにすぐ気づけるでしょう。それを自覚させて微調整するのが一番早いんです。ユニゾン（全員で同じ音を歌うこと）だと音程もその音程の取り方も一緒だから、その人が低かった場合、どう低いかということを自覚させないといけないんです。録音して聴かせると「ホラ、低いでしょ？」とできるから、高めに発声してもらって「そこっ！」って指示してあげて、打率を上げていく作業ですね。一人ずつ、一時間半ももらえるとそれができるんですけどね。

身につく瞬間って面白いんですね。すごくリラックスしていて何もプレッシャーがない状態って、案外もの覚えが悪いじゃないですか。ところが、ギリギリまで追い詰められた時って、精神的には大変だろうけど、負荷がかかっている分、速く階段をのぼれるんです。負荷の感情が付随しているとさらによくなることがあって、それを意識して追い込むことはありますね。小手先じゃなくてぶつかっていくしかないんです。真正面からぶつかっていって、あるいは泣きながら「こういう曲でこうしてほしんだよ」「これができるのはお前しかいないんだよ」って伝えて、追い込んで奮い立たせるとバケますね。

――負荷がヒトを育てるんですね。

自分が俳優に決心を感じるのは、あることを彼ら自身ができないという状況に、他人を巻き込んでいることの後ろめたさを味わっている時です。こちらにそんな気がなくても、その俳優はそう感じていて何とかしようとしているんです。

――合唱の場合、一人ではないという相乗効果はあるものですか。みんなで歌うと楽しい、気持ちいいというような。

間違いなくありますね。みんなで歌うっていうのは日本人的だなと思うんです。責任が少なくなって、気楽になれる側面がありますよね（笑）。プレッシャーで委縮するようなタイプもいるから、プレッシャーがないほうが伸び伸びできる人もいます。そういう人たちはみんなで歌うときの方が、一人で歌うときよりも大きい声が出ています。そのスタンスのデメリットは、リズムが後ろになりがちになることですね。みんなで足並みを揃えているがために、その足並みが遅れると、だれか一人が先行できなくなるんです。だれかが牽引しないとピタッとしないのに、それが怖くなる。集団心理ですね。いい面と悪い面と両方があります。

二・五次元の観客

――二・五次元と他の舞台で、観客がちがうという印象はありますか。

二・五次元の観客は、作品が好きだということに誇りを持っている人たちです。興行が成功したら続編ができる。続編で自分の推しのキャラクターをまた観ることができる。その興行に推しのキャラクターが登場しなくて残念だった人でも、続編では出るかもしれないので、次の興行にも通おうというだれよりも熱い人々だと思います。

最近は、興行事情を観客もよくご存知ですよね。どんなに大原作で主催者がヒットしたと宣伝しても、続編がないということは成功しなかった証拠なんだとすぐにばれちゃっていますよね。だから、どれほど感動した作品に出会っても、観客が入らなかったらそれで終わりになっちゃう。それをわかっているからからこそ、「自分たちでできることは何か？」と来場してくださる。作品の経済を回すことに責任感を感じていてくださる、とても立派な方々なんです。

――印南さん自身も、この作品が成功しなかったら次がないと強く思っていますよね。

どの作品でもそうです。次作は初作よりも何倍もうれしいんです。続けられるっていうのは、それだけ自分を認めていただいた、観客に支持していただいたという意味で、とてもうれしいんですね。

俳優に対して

――音楽監督の立場で俳優に思うことはありますか。

俳優に期待したいのは、楽譜を読めて、音取り(69)ができるスキルを持つことです。ミュージカルの視点からいうと、「メロディの一個一個に意味がある」と伝えたいんです。楽譜に休符があったとき、「この休符はここで胸が詰まるから休符なんだよ」って言っても、楽譜を読めないとわかりません。先ほど述べたように、稽古で教えてあげられる時間は限られていますから、「メモを取ってごらん」と話しても取らない役者さんもいます。その俳優個人に伝えている言葉を、自分の言葉のように受け止められる姿勢は、持っていた方が何倍も先に行けますよね。ぼくは自分に才能があるとは思っていないから、人の三倍から五倍も成長しなければいけないと考えています。でも役者の人は受け身の方が多いかなぁという印象です。

――歌えない、踊れない俳優が増えているんですか。

親からもらったものだけで──外見だけで商売している（笑）。これが、二・五次元が今後伸びるかどうかの課題でもあります。ファンの目も肥えてきていて、外見だけだと通用しなくなってきているんです。二・五次元の本質は原作キャラクターになりきれるかどうかであって、それは歌唱やダンスなどの総合なんですよ。スラッと身長が高くて、顔立ちが整っていると確かに素敵ではあるんだけど、総合的なパフォーマンス力から見ると「それで?」となってしまう。外見だけで感動させられるのであれば、芸能界にはハンサムと美女しかいないことになるけど、そんなわけはないですよね。それに、三、四〇年もしたら、みんなが自動的にかっこいいオジサン俳優になれるのかというと、それも絶対にちがいます。努力を積み重ねている人たち自身が「明日はどうなっているだろう?」と不安に思っていて、俳優は前面に立つ分だけその危機感を持つべきですね。特に若い人たちは。

──観客は気づきますよね。

間違いなく気づいています。「チケット代に見合うかどうか?」をシビアに判断しています。今後、役者に必要なのは、自分の外見とマネジメント力でたまたま今は食えているんだという現実を知ること、そして、それがあるうちにスキルを磨こうとする謙虚さです。今のままではよくてプロ野球のピッチャー程度の寿命です。四〇歳を過ぎて二・五次元作品にだけ出ている俳優なんて聞いたこともないし、斎藤工さんや城田優さんのような二・五次元出身の俳優ってそれこそ最初期に出ただけなんです。真剣にやらなければ、このジャンル自体がなくなりますよ。若い人たちの指導をしていると、一〇人中九・五人くらいは一五年後にはいなくなっているだろうな……って感じてしまうんです。
音大の卒業生が毎年一万人いるなかで、演奏だけで食っていけるのが〇・五人ほどです。つまり二年に一人くらいしか演奏だけで食えるような逸材は登場しないし、しかも、すでに高校生の時に海外で賞を取ったりしているような人物なんです。生き残るにはアイデアや、人とはちがう視点を持つことが重要になってくるし、それは役者さんも同じだと思います。今の時代はたまたま恵まれていて、みんなが事務所に入れて、稽古場にはケータリングが準備されていてと楽な状況です。けれども、小さな劇場から始めて、男手はナグリ[70]でカッチンカッチンと美術を組み上げ、みんなでチケットを手売りするのがこのビジネスの祖型です。その時代は矜持があるから、夏でもサンダルで稽古場には来るようなことはしませんでした。それがどうして失礼なのかなんてことは、だれもいちいち教えてくれないのがこの世界です。自分自身が気づかないといけないことですね。

二・五次元／アニメライブへの期待、産業とヒト

——音楽監督としてあるいは表現者として二・五次元という分野でどうありたいかを教えていただければと思います。

海外にニーズのある日本オリジナルのもの、つまり、最初に日本人たち自身が面白いと思えるものを作りたいんです。最初から海外向けに作るのもいいですね。日本の時代もの、剣劇は面白いし人気も高いん

です。海外の方が制作費はかかるのに、和太鼓集団が海外公演をしている理由は何かといえば、儲かっているからです。つまりグローバルに日本オリエンテッドは求められているわけなんですね。

一方で、日本人は芸術にお金を出さないと言われるけど、ぼくは逆に、すごく出していると思っています。歌舞伎や新国立劇場の演目とは異なって、二・五次元にはなんの助成金も出ていませんよね。それなのに、観客の来場だけできちんとで成立しているんですよ。税金を投入してもらっている古いコンテンツの人たちに対して、胸を張っていいんです。観客もとても健康的で、意欲的なファンが多いですしね。

だからこそ漫然とは作りたくないし、ぼくが生きている間に、日本のミュージカル理論を体系化して一冊にまとめておきたいと考えています。それは、かねてよりの強い理由があります。日本語というのは、英語とは言語として音形がちがうし、文法もちがいます。実際に、海外製の楽曲に対する向き、不向きがあるんです。英語では成立した歌唱が、日本語では成立しないなんてことはざらですしね。けれども、日本人は輸入ものばかりやっているので、原曲と原詞に合わせて無理矢理変な日本語で歌唱することに、聴く方も慣れちゃっています。本当は歌う方も観る方も違和感を覚えているんです。だから輸入ものではない日本オリエンテッドな、美しい日本語のミュージカルを作りたいと思っています。違和感を追求したその先に理論があると考えています。

――ブロードウェイ作品を無理矢理日本語でやっても、合致性は低い？

本来訳詞家に求められるのは、その作品のオリジナルの情緒性やキャラクター性に合った訳詞なんですが、今の日本では訳した歌詞が原曲的でキャッチな方が受けがいいと思っちゃっていて、パフォーマンス重視の訳詞が多いんですね。でも実はそうじゃなくて、一番大事なこととは、海外初演当時にその国のネイティブの人が受け取った感情と、日本人の観劇感情がまったく同じになるように訳詞することが正解なのではないかとぼくは思います。シンプルになりすぎるとか、地味な言葉になるんじゃないかと怖くなって、変えてしまっているんです。

英語は一つの単語に多様なニュアンスがあるけれども、日本語はむしろ単語自体が細分化されています。例えば『Let it go』なんてそれをさせちゃうって意味だけど、「それ」の指すものは曲のなかの他の場所にもあるし、「ｇｏ」も行くっていう意味だけでなく「解き放つ」という意味もあります。それを「ありのままに」って訳したのは、「抑圧された人間性を持つ日本人の窮屈さに重なるから面白いだろう」ってことで訳したんですね。確かにウケる商法だと思います。でも原曲での「Let it go」の意味はちがうし、一番と二番と三番とでも意味が変わっていくし、ちがっていくことが面白いから「Let it go」が使われているんです。原曲では、歌が三段階活用されているんですよ。

――海外で当たった有名な作品だから、そのままやりなさいよということですか。

映画やアニメも、当たった原作がないと興行までたどり着けないですしね。

――二・五次元業界の将来性は。

二・五次元がムーブメントになったのは最近だけれど、二・五次元的なものは昔からありますよね。「それいけ！　アンパンマンショー」とか『セーラームーン』のミュージカルとか、特撮ヒーローショーのようなものは四、五〇年前から盛んでした。ぼくもウルトラマンと握手したり、眼前で動くキャラクターには小さい頃から感動し興奮していました。

画のなかのキャラクターの生きざまや夢を、舞台でナマで感じられるっていうのはほかに替えがたい体験だと思います。劇場ですから稼働客席数が決まっているし、映画のように当たれば延々と上映できるものでもないから、興行的な限界のなかで採算は取りづらいとは思います。でもきっと続いていくという予感がするんです。それは、いろいろなコンテンツに触れてきた勘にすぎませんけど（笑）。ただし、その業界が長く続いても、入れ替わりの速いアイドル産業になっちゃうのかなあとは感じますね。

――業界全体のことや事業のことを考えているスタッフに、実のところプロデュース側も巡り合えていないのかもしれません。

自分のことに必死な人は多いですけどね。その分、他人が食いものになっている（笑）。それと舞台の世界って、古い人ほど偉そうな人が多いんです。しかも、「弁当がまずい」とか「みそ汁くらい出せよ」とか「休憩させろ」とか文句が多いですね（笑）。ところが面白いもので、文句ばっかり言っている人ほど長く続いていて、文句を言わない人の方がやめちゃうみたいです。ぼくも、「こんなに曲数あるって聞いてないよ」とか「こんなの歌えないよ」って若い俳優にもベテラン俳優にも言われることがあります。こちらは心のなかで「プロなんだから歌えよ」って思いつつも、「そうですねー」なんていなすことになります。そうすると、そういう人たちってなんだかんだ言っても乗り越えてくれるんですね。

愚痴を細かく出す人は周りに迷惑かけるけどストレスがたまらないし、パフォーマンス力は自分で持っているから観客には評判がいいんです。ただし、支えている裏方は十二分にストレスを感じることになりますけどね（笑）。自分の脳みそのキャパを使わないで、言われた通りにやっていたら楽だけど、そんなクリエイティビティのないところで総合芸術だと言い張っても結果は絶対に追いついてきません。

台本を読んでこない若手俳優なんか、「シーンにモーメントがあるからこう歌うんだ」って指導しても、理解できません。だからオリジナル脚本の場合は、「ここは歌わなくていいよ」って言っちゃいますね（笑）。きらわれてもかまわないから、「ここ歌わなかったら何でミュージカルやるの？」とか口に出ちゃいます。「できないのなら別の職に就けよ」って思いますし、それよりも、自分がいいと思っていないものを作る方が屈辱的なんです。スタッフもキャストもドンドンぶつかってほしいし、「本当にそれでいいのか？」を突き詰めて臨んでもらいたいです。

――本日はお忙しいところ、ご丁寧にありがとうございました。

こちらこそありがとうございました。

【俳優／鷲尾修斗】二〇一七年八月二二日

サッカーのおかげで得られた異文化理解

――いくつのときにこの業界に入られて、何年目の実績ですか。

今の事務所に入った二五歳の頃からで、四年くらいの活動実績ですね。その前に半年くらい別の事務所でランニング期間がありました。

――業界入りと同時にお芝居を始めたんですか。

そうですね。芝居は初めてでしたね。

――生い立ちを教えてください。

鷲尾修斗（わしお・しゅうと）
1987年、東京生まれ。俳優。スタービートエンターテイメントLLC所属。幼少時よりサッカー選手を目指し、ニュージーランドへ留学。帰国後に他の職業を経て俳優になる。舞台作品で人気を博し、多くの作品で起用されている。

【映画】

2016年　『月下燦然ノ星』一条昇役

2017年　『あまつきつねの鬼灯』狐子路役（主演）

【舞台】

2010年　『OASIS』

2011年　『男運』（久島役）『大江戸に降る雪』『テガミ』（千導役）

2012年　『君に降りそそぐ、天上の花』（佐倉実役）

2013年　GEKIIKE本公演vol.04『空翔ける雷鳴の夜に』（桜井拓海役）『バカとロミオとジュリエット再！』『CLOCK ZERO～終焉の一秒～」』（楓役）『おねがい鋼鉄ビンタ「コップの中の嵐」』『第14帝國「元帥と七人の侍」』ミュージカル『忍たま乱太郎　第4弾再演』『ポセイドンの孫とYシャツと私』（桐原譲役）『おねがい鋼鉄ビンタ「時空堂」』石井克典役ミュージカル『忍たま乱太郎　第4弾』（中在家長次役）

2014年　『華ヤカ哉、我ガ一族』（守役）『CLOCK ZERO～終焉の一秒～リンゲージ』（楓役）GEKIIKE本公演第5回『宵闇に咲く雨』（惣五郎役）エアースタジオ『PRIDE』（大石役）演劇集団イヌッコロ『天爛のパティシエ』（主演皆川優呉役）ミュージカル『忍たま乱太郎　第5弾再演』（中在家長次役）オトメライブ『STORM LOVER～波打ち際の王子SUMMER～』（御子柴恭介役）GEKIIKE×シザーブリッツコラボ企画『ポセイドンの孫とYシャツと私』（主演潮崎海人役）『CLOCK ZERO～終焉の一秒～再演』（楓役）ミュージカル『忍たま乱太郎　第5弾』（中在家長次役）

2015年　『STORM LOVER～波打ち際の王子SUMMER！～』（御子柴恭介役）GEKIIKE本公演第6回『空翔ける雷鳴の夜に―再演―』（主演桜井拓海役）Asterism Vol,01『アルビノ』（逢見信一役）『ユメオイビトの航海日誌』（シャモ役）

2016年　GEKIIKE本公演第8回『あまつきつねの鬼灯』（主演狐子路役）ツキステ。『夢見草』（葉月陽役）『Novel War～悲劇と喜劇のjunction～』（主演蓮城恭一郎役）『キャンプファイヤー』（土田公平役）Asterism vol,03『NoLimit』（瑛輔役）オトメライブ『カーニヴァル』（與儀役）Asterism vol,02『JudgmentDay』（逢見信一役）ツキウタ。舞台『ツキステ。』（葉月陽役）『CLOCK ZERO　～終焉の一秒～WatchOver』（星陵楓役）

2017年　『47男子』（主演東京役）超体感ステージ『キャプテン翼』（三杉淳役）

BASED ON THE COMIC BY
藤原竜也
TASCAM

東京の郊外出身で、今でも住んでます。普通の家庭で、普通に学校に通っていました。ただ、親がサッカー好きだったことで、小さい頃から高校までサッカーばっかりやっていましたね。高校卒業後も海外にサッカーをしに行ってました。

――海外に行くって、そんなに簡単だとは思わないのですが。

やりたいことをやろうっていう（笑）。「海外行くわ！」ってそんなノリでしたね。テレビでたまたまＦＩＦＡクラブワールドカップを観ていたら、Ｊリーグを目指すよりはオセアニア代表から逆輸入の方が選手になれるかな――っていう、すごく安易な発想で出かけたんです。ニュージーランドに一年くらい。

――どれくらい上手かったんですか。

それほどでもなかったんですけど、とにかくサッカーが好きだったんです（笑）。でも帰国したのは、選手を目指すのはもういいかなって限界を感じたからでした。

――ニュージーランドはいかがでしたか。

全部新鮮で全部楽しかったです。最初は何もわからなくて、下宿先でめっちゃ怒られたりしたんです。

英語なんてしゃべれないのに急に英語で怒られたから、「Sorry! Sorry!」ってとりあえず言ってみたんです（笑）。よくよく聞くと、水がもったいないからシャワーを五分以上使っちゃいけないという文化があって、まったく知りませんでした。贅沢に——といっても日本人の感覚としては普通に浴びて出てきたら、猛烈に怒られちゃったわけです（笑）。でも、本当にいろんな経験をさせてもらいました。自分の常識が常識ではない空間で、郷に入りては郷に従い自分自身を変えていく習慣を得られました。そして最終的に、やっぱり日本がいいなと帰国したんです。

モノを作る職人に憧れる

——帰国後はどうされましたか。

帰国直後はフットサル場でサッカーのコーチをやっていたんですけど、住宅の基礎工事を友だちの親御さんがやっていたので、モノを作っている職人ってかっこいいなと感じて、三、四年、ニッカポッカを履いて鳶をやっていました（笑）。

——芝居を始めるきっかけになったのは。

これはちゃんと答えなきゃ（笑）。きっかけは当時、ＳＮＳのミクシィで、サイトの一番したにオーディション情報のバナーがあって、なんとなくそれを押してみたら、事務所に来てくださいってなっちゃったんです。

――すぐに仕事はありましたか。

舞台のアンサンブル(71)の仕事が最初です。すぐに板のうえに立たせてもらいました。もちろんそれだけで食べてはいけなかったけど、職人時代の貯金があったんで何とか持ちこたえられました（笑）。

――楽しかったですか。

つらいことの方が多かったですね。演出家に指示されたように身体が思いどおりに動かないとか、自分では上手なのか下手なのかさえもわからないんです（笑）。「アクションっていったい何？」みたいな感じでした。その時点の演技の知識なんて一般人並みでしかなかったものですから、最初はすごく大変でしたね。初めての演出家が松崎史也(72)さんでした。

――俳優を続けてもいいかなと思ったのは、どんなタイミングだったんでしょう。

実は一度、俳優をやめたんです。また職人にもどっていました。

――それはまた。

職人にもどって仕事をしていたら、今の事務所の社長から電話がかかってきて、家が事務所に近かったこともあってご飯に誘われたんです。そして「まだやる気があるならやってみないか?」と言われたわけです。その時に知ったんですけど、初めて舞台に立った時、事務所の先輩の樋口夢祈[73]さんや真佐夫[74]さんとも共演をしていて、ぼくのことを覚えてくれていたそうなんです。自分は初舞台のときには出来上がっていたつもりなんてまったくなかったのに、そんな自分のことをちゃんと覚えてくれていた人がいたというのはうれしかったですね。

求められて復帰、異文化の集合体が俳優

――もう一度求めてもらったら、それはうれしいですよね。

そうですね。そんなに求めてくれるならば、もう一回やるべきじゃないかって思いました。

――そこからは順調ですね。アンサンブルではなく、役名が付いた起用になっています。

事務所に入って一番最初に受けたオーディションが、公野さんや豊さんたちが始められたミュージカル『忍たま乱太郎』だったんです。それが決まってから徐々に仕事が増え始めましたので、とても感謝しています。

——どうしても俳優になりたいというより、求められて俳優をやっていたわけですか。

やっていくうちに楽しさを覚えたっていう感じですか。イベントなどでいつも話しているんですが、「何者でもないけれど、何者にでもなれるのが俳優の仕事だ」と思っているんです。警察官の仕事をしたことがなくても警察官になれるし、パイロットにもなれるし、この仕事ってすごいなって感じています。異文化だらけなんですよ。完成形なんてないし、ゴールもないからいつまでも走り続けることができるっていう楽しさでもあります。

原作が土台で自分らしさを意識しない

——演技の世界についてうかがっていきます。いろんなタイプの作品に参加されていますが、二・五次元／アニメライブと呼ばれる、アニメやゲームが原作であるような作品の場合、意識していることはありますか。

いろんな役者それぞれの考えがあると思いますが、ぼく自身は原作がある場合は、あくまで「原作が一番の核であり土台だ」という考え方です。原作という土台に乗せてもらっている感覚で芝居を作っていくので、まずは原作の内容をちゃんと読み込んで理解を深めること、次に声質を意識することが大前提で入っていきます。参加する以上、そこが最低限のラインだと思います。ひたすらアニメを観て聴いて、声を出してという作業を先にします。原作が好きで来てくれているファンが多いわけです。その人たちを裏切らないための作業がこの大前提なんです。これが第一プライオリティであり、最低線。最初はそこから始めています。

——自分らしさは意識しますか。

自分らしさを出そうとはほとんど思っていません。自分がやっているんだから、自分らしさが自然に出てくるものだと考えています。意識して自分らしさを出そうとすると、むしろキャラクターから乖離する恐れもあるので、基本的に自分らしさは意識せずにやっています。

――ファンレターは役名できますか。それとも「鷲尾修斗」名。

「鷲尾修斗様」とは書いてはありますが、内容はキャラクターに向けて書かれていたりですね。そういうときは、キャラクターになれたのかな、と素直にうれしいですよ。

――鷲尾さんはネット、ツイッターでもファンに対してとてもていねいだとうかがっています。

結構フランクですよ（笑）。ぼくらの仕事はぼくらありきじゃないんです。やっぱり応援してくれる人、舞台を作ってくれている人、アニメだったら原作者さんたちとかいろんな方に支えられて舞台が成り立っているので、ぼくらが一人でやりたいといっても何もできないんです。イベントをやりたいと希望しても、事務所のマネージャーさんやバックヤードで動いてくれるスタッフが必要になりますよね。だから「ぼくは役者なんで、だれか売ってください」っていうタイプではないですね。「お邪魔しまーす、みなさんよろしくー」みたいな感じでしょうか（笑）。

――小劇場でのオリジナル作品の場合、臨む気持ちはちがいますか。

ちがいますね。最初の入り[75]からちがっていますね。「こういうキャラだな」とかはあまり考えないようにしています。

――どうしてでしょうか。

「こういうキャラでいこう」と思うと、芝居を作っていく時にかえってそこから動けなくなるんですよ。どうしてもその設定を意識してしまうんです。意識の振り幅が少なくなってしまうので、逆にあまり考えずに全体の台本の流れを見て、「このポジションだな」ということだけを考えて演じる方がいい結果が出ると思います。

――結果的にかき回すタイプの俳優さんもいますね。

いろんなタイプがいますからね。「自分はこういうのです」って固定される俳優さんもいます。古田新太さんが「プランを持ってくる役者は好きじゃない」って言っていました。プラン外のことが起きたら何もできなくなってしまうし、柔軟じゃないといけないってことなんだと解釈しています。だから、こういうことにしようとは、ほとんど決めずに入るようにしています。作っていくその瞬間に生まれるものもありますし、役者と役者で話していく――それが一番リアルでナチュラルな芝居だと思っています。

製作者と観客のギャップはプロモーション

――製作者と観客の間に立つのが俳優だとした時、製作側の意図と観客が感じているものとのギャップを感じることはありますか。

そう感じたことはほとんどありません。特に映劇さんの場合は、アフターイベントなどで観客と板のうえとの雰囲気で進められています（笑）。そのせいか、ぼく自身も含めて、観客との意識のちがいはあまり感じないですね。

――制作費と動員の関係はどう思いますか。

制作費をかけたから観客が喜ぶかといえば、それはちがいますよね。そのふたつはシンクロしてはいないと思います。

――製作者は何を意識すべきでしょうか。

いろんな主催者さんの二・五次元舞台に出させていただいているなかで思うのが、プロモーションが大事だなってことです。現在、サッカーがテーマのだれもが知っている大きな原作の作品にも出ているところなんです。舞台のファンがターゲットではない作品ということもあって、舞台を知らないファン向けにももっとプロモーションをということで、先日、プロサッカーリーグで試合前にオープニングアクト的な宣伝イベントを行いました。つまり、サッカーファンの人たちにも「劇場に来て！」っていうプロモーションを行ったわけです。そういうことを通して、いまの二・五次元舞台は従来のファン以外も意識するのが大事だなって感じました。

舞台を知っている人たちだけに向けたプロモーションだと、知らない人たちにどうアタックしていくのかなって感じてしまいます。その作品はすごく評価が高いんです。なぜかって言うと、作っている人たちにその原作の世代の人が多いからなんですよ。

――自分たちに向けて作っているわけだ。それは力が入りますね。

映画と舞台の演技のちがい

――次に聞きたいのが、映画のようにキャメラでワンカットごとに切ってしまうお芝居と、舞台のうえで二時間は連続するお芝居ではちがうものがありますか。

全然ちがいます。舞台って一ヵ月くらい稽古があって、ストーリーに対して気持ちをちゃんと作って、頭から終わりまで通す、最後に向かっていけるんですね。映像の場合は「きょうはここ撮ります」「あし

たはあそこ撮ります」って、シーンをバラバラに撮っていきますよね。そうなると、芝居するときの気持ちに瞬発力が必要だなって感じました。それにどんな芝居をしたのかを、自分のなかでしっかり覚えておく必要もあります。それで、そのときにどんな感じで芝居をしたかを一言だけ脚本に記しておいて、次につながる撮影の前にそこを確認して気持ちを思い出してから、「よし、こう芝居しよう」ってやっていました。だからパズルのような感じですよね。そのちがいは確実にあります。

——今後は舞台の方に重心を置きたいのですか。

いや、そうではなくて、需要がというか、求められるからそこに立っているという感覚です。最初から「ぼくは舞台しかやりません」ということはないですね。求められてスケジュールが合えば、どんな仕事でも向き合います。

——舞台上の失敗とかはありますか。

失敗か……、あったかなあ。遅刻もしないしなあ。あ、うえから照明が落ちちゃったのを舞台監督にお願いされて直した、なんてこともありました。立ち回りしている時に観客の前を通って直しちゃったんです。ところがそのあと、一回も暗転しなくなるというまさかの事態になっちゃって、終演までみんなで「どうする?　どうする」って言い合ってたりしたことがあります（笑）。

――舞台監督も相当困ったんですね（笑）。自分の失敗じゃないけど、頼まれたら逆にやりがいを感じるという。

出会いと作品と

――この仕事をやっていてよかったことはありますか。

全部ひっくるめて出会いですね。いろんな組織や会社の方々と出会って、初めて行く現場では役者陣も「初めまして」の関係から始まって、約一ヵ月間、一つのものを作るという出会い。制作スタッフさんももちろんですし、演出家や脚本家もそうだし、マネージャーさんとも「初めまして」だったりで、その出会いが本当に楽しいです。

――あんなふうに時間と空間を制限時間付きで共有することは普通の仕事ではないですからね。

プライベートでも親しくなりますしね。お芝居でのやりとりそのものが面白いとも思いますけど、それも出会いゆえのものです。

――今までやってきたなかでもう一度演じてみたい、好きなキャラクターってありますか。

『CLOCK ZERO』はやりたいです。楓ちゃん[76]しかやりたくないなあ！　ぼくのなかで、あのキャラクターだけはかなり特殊なんです。他の作品のメインキャストだと、ちゃんと原作通りにしっかり作りこんでいくんですけど、唯一、あの役だけは自分で作り上げていけたので自分にとっても本当に大切なキャラクターになりました。その意味で『CLOCK ZERO』をぜひやりたいと思います。ファンの二、三番推しを狙いにいっていますけど、一番推しにはあえてならない（笑）。

二・五次元への期待と不安

――二・五次元が大きな流れになっていることについてはどう思いますか。

出演作品数が多いせいか、よく「二・五次元俳優」というラベルを貼られます。それがいやではないんです。だけど、それだけに決めつけられちゃうのは、業界全体まで決めつけられたような気がしちゃって、「ぼくらが演じているんだから三次元だよ」と言いたくなるときもあります。

それにブームとは去るものだとすると、この業界の全員でいまの流れを維持できていけるかは心配になります。アイドルだって旬と凋落があるわけですから、二・五次元も冷めてしまう時期が来るかもという覚悟はあります。もしもそうなったら、また次のステージを作りたいと思うでしょうね。アニメやゲーム以外にも小説のような原作資源があるかもしれないし、そもそもが、演劇の持つ元々の面白さが流行ってくれたらなと期待しているところです。

――俳優として原作はどんな存在ですか。

役者は原作があると楽なんですよ。役を作っていくのがすごく楽になります。変な言い方になりますが、役作りに教科書があるようなものなんですね。「こういうキャラクターです」「こういう立ち方をしています」「こういう声です」っていうのが、全部教科書に載っているわけです。役者はそれをひたすら追求すればいいから、本当に楽なんです。ただし、できることとできないことはありますよね。そこに二次元と三次元の根本的な差も生じます。原作者の方が舞台を観てくださって、その差を知ってくれるともっと面白い舞台を作れると思います。

映像やマンガのままだと脚本段階で整合が取れなかったり、物理的に再現が不可能だったりということが、特に二・五次元では起きてしまいがちです。その差を埋めるのは役者の作業なんですが、原作の方や映像の方にその差を理解してもらって一緒に舞台を作れると、間違いなく素晴らしいものができます。原作さんも製作元も俳優も舞台の法則を知るひとつのチームになる、ということでしょうか。

二・五次元は原作の表現や映像効果に依存しすぎちゃったりして、物理的限界を超えた理想を実現しようと果敢に挑戦することもあるんです。「ああ、ああいうのができるんだ……。じゃあこっちもやってみよう」と踏み込んでしまうんですね。ところが、舞台の魅力とイリュージョンのダイナミズムとは別のも

のなので、その挑戦しようとする意欲が首を絞めないようにしたいと思います。

——現場で俳優たちに感じることはありますか。

アンサンブルの経験が長かったから、アンサンブルの気持ちはよくわかります。それに、アンサンブルという呼び方はあまりよくないとも思っています。稽古中に「アンサンブル」ってひとまとめに呼ばれたりすると、「アンサンブルってひとつのモノなのか」と感じちゃうんですね。稽古場ではそうした人たちとよく話すし、メインキャストよりもむしろ馴染むってこともあります。座長という呼び方も、上下ができるような感じなので気になりますね。メインキャストでたまにアンサンブルの名前を覚えない人もいるんだけれど、そういう人の気持ちはぼくにはよく理解できないところがあります。同じカンパニーのメンバーであるうえ、そうした人たちの支えでメインキャストが立っていられるわけですからね。

観客へ、そして未来

――観客、ファンに対するメッセージはありますか。

こういうことを感じてほしい、という想いはどの作品にもないんです。観にきてくださっている方々それぞれが、それぞれの感性なりそれぞれの価値観で足を運んでくださっているわけですから。それに三〇〇人収容の劇場でしたら、三〇〇通りのアングルになっているのが舞台の魅力でもあります。そのなかでそれぞれの観客が自分のなかで何かを感じてもらえたり、何か前向きなものを持ち帰っていただければ、役者としてはそれで充分じゃないかと思います。ですから、ぼく目当てに観にきてなくてもかまわないんですよ。

チケット代も安くはないですし、しかも地方からわざわざ旅費をかけて上京されて観にきてくださるファンの方もいらっしゃいます。そういう大きな金額に対して、ぼくたち役者はそれ以上のものを提示しないといけないし、それこそが俳優の仕事だと思っています

――表現者として演者として、これからどうなっていきたいですか。

今年、三〇になるので、役者としていろいろ考えますね。役者をやめていく人が多い年齢なんですよ。三〇過ぎると「役者バカ」と呼ばれる人たちしか残らなくなっちゃうんですね。考えているうちに、「こ

の人を現場に入れとけば、現場が上手く回るよね」と言われるような役者になりたいと思うようになりました。

この前、Ｋｉｍｅｒｕ[77]さんと仕事をさせていただいたんですけど、そういうタイプの方だったんですね。Ｋｉｍｅｒｕさんが現場にいると上手に空気を作ってくれるし、芸歴も長いから説得力があります。面倒くさいという噂のある役者さんが同じ現場にいても、Ｋｉｍｅｒｕさんがいれば、過不足なくスムーズに進んじゃうんです。あの方の人柄なんでしょうけれど、制作サイドもそれを知っているから、Ｋｉｍｅｒｕさんに頼っているところがあるんですよ。ぼくも歳を重ねてそういうポジションを確立できれば、「一生、食っていける」と感じたところなんです。

それと、俳優仲間で自分の武器（得意なもの）をどうするかなんてよく話すんですね。それで「歌は苦手だから、ダンスかアクション、どっちを選ぶか迷っている。君はどうする？」と聞かれたことがあったんです。ぼくは歌もダンスもアクションもそんなに得意ではないですから、全部が平均よりできるよう常にちょっとずつ上げていけば、それはそれで武器になるのかなと考えました。

役者を始めた当初はベテランのアクションを見てすごいなあと感心して、「なんでもいいから、一つでも武器を持っていないとこの仕事を続けられないかも」という不安を覚えたこともありました。いまでも、武器がないというのはもちろん不安です。でも、この仕事をこれまで続けてこられたということ自体がすでに武器ですし、逆に武器がないことを求められる場合もありますから、そう考えれば地道なレベルアップこそが求められているものじゃないかと思っています。

――三〇歳は節目ですね。

この前、「三〇歳になる前にみんなで集まろう」って、中学の時の同窓会をしたんです。四〇人くらいたんですけど、稽古終わりに参加したら、みんなスーツ姿だし、もうおじさんおばさんなんですよ。「エッ、こんなにちがうんだ！」と歳の差をすごく感じて衝撃でした。「このままだとアカン。しっかりせねば」と思いましたね。向こうはぼくを見て、「若っ！」って驚いていましたけど（笑）。「どうなりたいか？」っていうのはそういうことなんですかねえ。

――役者は多かれ少なかれそういう思いを持っているとは思いますけれども。

インタビューで「役者としての目標は何ですか？」とよく聞かれます。それでいつも、「目標はないです」って答えています。きっとそれが目標なんでしょうね。仕事がんばろ！（笑）

――本日はお忙しいところ、本当にありがとうございました。

こちらこそありがとうございました。

【戯曲家／喜多村太綱】二〇一七年八月三〇日

コミュニケーション下手だから、いっぱいゲームをする

――実績ときっかけを教えていただけますか。

二〇一六年一二月公演の『オトメライブ　猛獣使いと王子様[78]』（二〇一六年）から書かせていただいていて、ミュージカル『イケメン王宮　真夜中のシンデレラ[79]』（二〇一七年）、『アルカナファミリアEp.0 希望の花[80]』（二〇一七年）と続き、現在は『アルカナファミリア3』を書いてます。

ゲームやアニメが好きで、大学生の時にコンテンツ企業の企画開発に参加させていただいたことが始まりです。自分のコミュニティを活かして情報を集め、コンテンツの企画を開発していた時に、舞台用の企画書に入れるストーリー案としてプロットを書いたんです。それを評価していただき、「全編を書かかない？」と聞かれたので「書きます！」と即答し、戯曲そのものも任せていただけました。他には全国公開の劇場用作品の原案を担当したりもしました。

教科書的なことは教わってはいたものの、構成やストーリーラインは手探りで進めていって、最初は作

喜多村太綱（きたむら・たづな）
1995年生まれ、千葉県出身。日本大学法学部卒業。戯曲家。大学在学中より二・五次元／アニメライブ作品の戯曲を担当。2016年『オトメライブ　猛獣使いと王子様』、『アルカナ・ファミリア　Episode0』。2017年ミュージカル『イケメン王宮　真夜中のシンデレラ』、舞台『アルカナ・ファミリア　Episode3』など。

法や用語も知らなかったんです。「書く」と言った手前、あまり聞けないし（笑）。いろいろ調べて、いろんな脚本を見て、自分のやり方を確立していったような感じです。

――最初の一本目は、時間はどのくらいかかりましたか。

初稿はどうだったかな……、すごく長くかかりましたね。まずゲームを実際にやってみて、次に原作のどの部分が脚本に使えるのかを抽出して、物語のベースを構成してから脚本に落とし込んでいったんです。

――最初から大きなタイトルに挑みましたが、原作元とのやりとりに過不足はなかったですか。

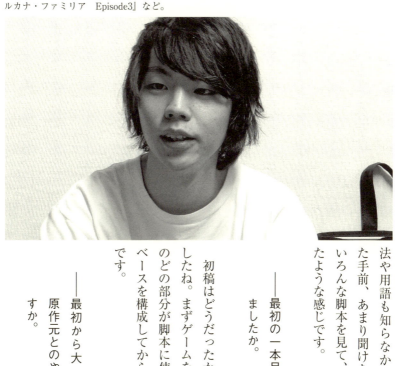

元々、プロダクションマネージャーとしては企業を訪れていたので渉外的な感覚はありましたけど、脚本家として行くのは初めてです。最初はどう話せばいいのかもわからなかったですね。しょうがないから、想定している物語を「こんなんです」って説明してみました。結局初回は、自身独自のクリエイティビティを伝えられなかったんです。意識の相違とコミュニケーションのすれちがいですよ。

最初の頃はどれだけ真剣にやっていても不貞腐れているように見えたらしく、「態度が悪い」と言われたこともあります。緊張しているだけで、そんなつもりはまったくなかったんですけどね（笑）。

――原作を熟知してから作業に入りますか。

もちろんです。開発のときもそうだったんですが、そもそも自分がその作品を好きでなければ、脚本的なアプローチはできないんです。ユーザーとしての意見と脚本家としての目線が組み合わさっていくことで、面白いものができるんじゃないかと思っています。乙女ゲームもギャルゲーも、どんなジャンルのものでも抵抗はなくて、むしろ悪食です（笑）。おかげで、作った方と話すときにも接しやすくなります。映画も同様で、幅広く観ることで話題ができやすくなります。一〇代の頃はそんなこと考えてゲームをやったり、映画を観たりはしなかったんですけどね。

――脚本打ち合わせは共通の話題、共通の言語を持って向かわないと、意思疎通が難しいですか。

コミュニケーションのためには、何か共有できるものを持っていかないといけないですね。そこから話を広げて、こういう内容にしたいと説明するようにしています。

――生い立ちを教えてください。

一九九五年生まれです。三人姉弟で、長男で末っ子ですが、もの静かで手がかからないと言われて育ちました。

――女性の多い家庭に特徴はありますか。

化粧をさせられるとか、やっぱりお人形扱いはされましたね。リカちゃん人形のでっかい版みたいな感じだったんでしょうね。小さい頃は「お前は男じゃない、女だ」って洗脳され続けていました（笑）。

――家庭内は女性向けコンテンツにあふれていた。

そうです。ジャニーズやビジュアル系、そして少女マンガ。

――小学生の頃のブームや、中学生の頃に好きになったものは何でしたか。

ゾイド、ベイブレード、『ポケモン』ですね。『ポケモン』は初代からです。地元に団地があって、子どもたちが集まって遊ぶコミュニティで、コレクションやカードバトルをするのがステータスだったんです。それによってヒエラルキーもできる感じでした。顔も知らない団地の子と勝負して熱くなっていくわけです。集めないと強くなれなかったり、強くないと遊んでもらえなかったり、そんな競争が人間関係を教えてくれていたかもしれません。『月刊コロコロコミック』（小学館）の思うツボなんですけど、ああいうグッズやガジェットが友だちを作っていたんですね。

中学では映画にハマりました。叔父の家のシアタールームでホラーとSFとアクション三昧で、チャッキー（『チャイルド・プレイ』シリーズ）、フレディ（『エルム街の悪夢』）、ジェイソン（『13日の金曜日』シリーズ）も一通り観させてもらって、この頃からどこか心に闇を持ち始めたんでしょうね（笑）。

生まれた闇の行方とクリエイティブ思想の立脚

――何かに魂が捕まったわけですか。

例えばスプラッター・ムービーって人間を殺すのに平等性があって、簡単に死んでいくところをコメディにしたりして、画とは逆に清々《すがすが》しいというか、爽快というか、キッパリしているんです（笑）。深い人情や機微を描く通常のドラマでは見ることのできない、高次元の芸術性や現実性、倫理観を感じたんです。「生命の生き死にとは物質的なものだ」と説いているんですよ。

NHKの教育テレビのアニメや『ポケモン』『ドラゴンボール』や『ワンピース』しか知らなかった高校時分は、深夜帯のアニメを観始めるようになりました。エロやロリコンの代名詞だと勝手に思い込んでいて、最初は観るつもりなかったんです。ところがアニメ好きな友だちがいたので、一話観てからそいつにボロクソに言ってやろうと思って観てみたら、ストーリーを心に感じてしまい、ついに全話をしっかり観てしまったんです。

ゴールデンタイムのアニメは、努力、友情、勝利の三つのジャンプスピリット(81)で成り立っているけど、深夜アニメは薄っぺらいストーリーじゃなくて、恋愛、家族、モラルとかがテーマの重厚な小説みたいで、きちんと魅せてくれる内容だったんですね。何も受け止める内容のない作品とちがって、自分の創作意欲をかき立てられたんですよ。そういう重厚な、人間の物語に強く惹かれるようになりました。

――クリエイティビティは萌芽したけれども、その時点でコンテンツ産業に従事しようと思ったのですか。

高校までは完全に消費者でしたね。でも、作品を創ることは考えるようになりました。二次的な創作も好きだったので、それを活かしたいなとは思い始めていました。大学もそれを意識して、新聞学科というメディアや広告の専科に入った感じです。だけど入学しても、大学の活動は特に熱心じゃなかったですね。コンテンツ企業の開発チームに参加するまでは、自宅とキャンパスをただ往復するだけの学生でした。

――何を考えて、どういうところに注意して書いていますか。

舞台はワンカットを一つのセット上で行う映画です。映像だとカット割りやモンタージュができたりと、映像技法としての見せ方があるんですけど、舞台は基本的に「見え方は一方向しかない」と自分に表現を課しているところがあります。本当はいろいろな角度やアプローチがあるんですけど、脚本の文字で伝える思想は一つということにしておきたいんです。

ただし、脚本の思想は一つであっても、俳優の読み方がちがうとそれだけでちがうものが生まれてきます。ですから、共通言語としては「一つの思想体系である脚本」であることを心がけています。もしキャストやスタッフにぼくの思想を徹底するのだったら、キャストそれぞれ、スタッフそれぞれにカスタマイズした、それぞれの人数分の脚本を書くことになります。それはやりたいけれども、実際にやってしまうと、みんなに迷惑だと言われるでしょうね(笑)。

――共通言語としての脚本ですか。

それをどう見せるかが舞台なんですよ。「舞台は芸術だ」とか「演劇に賭けている」というような出自ではなく、コンテンツのエンドユーザーから立ち上がったぼくのような人間にとっては、その脚本が映画やアニメに使われてもいいように書いています。もちろん、それは演出家の方には「演劇としての文脈が読めない」ということになりかねないけれども、原作の代弁者にならなければ少なくとも二・五次元の脚本にはならないと思います。

――原作を死守する脚本ですか。

そういうことでもなくて、アニメやゲームが原作だとした場合、すでにそれはファンのなかでひとつの思想というか、概念になっているはずです。すでに原作はファンの心のなかに屹立しているんですよ。ですから、アニメやゲームの表現のまま舞台を作ろうとして予算を投下し、映像表現を舞台上の表現に無理矢理置き換えても、ファンはそんなことでは喜ばないし、満足しないんです。そのアプローチは失敗してきました。逆に原作に競争心を持ってしまって舞台の作家性を強くすると、それはファンの心に屹立された概念からは外れてしまいますので、やはり失敗します。

原作の代弁者であるとは、ファンの心の概念を満足させる、ということです。原作のストーリー構造はやはりそのメディア独自のものであったりしますから、そのままやってしまうとシーンを連結するために暗転が増えたりしますし、俳優さんも演技のトーンを継続させるのが難しくなったり、身体能力を超えたアクションを求められたりということになります（笑）。だから、その構造を補強するために脚本を書いている、という感じです。

――とはいえ、原作者も原作窓口も自分たちのメディアのことしか知らないし、原作をいかに維持するかが優先されるのではないですか。

そうですね。原作窓口の方の言う通りに書いても、原作者の方に読んでいただくと「ちがう」となることが非常に多いんです。だから本当は、原作者の方と一緒に脚本を作りたいんですね。先方に泊まり込んでもいいし、ぼくの家に招待して一緒に作業してもいいんですけど。でも、そんな工程を経ないで、原作者も原作元も喜ぶ脚本を書けるのが理想になりますよね。

――書いた脚本は脳内上演してみるんですか。

頭のなかで何パターンかやってみて、ダメなら組み替えるということはありますね。カット割りがないとは言いましたが、「一場、二場」「一幕、二幕」と感情本線としては区切りをつけます。「ここは導入だから短くして、アクションを付けて……」って構成していますけど、作品というのは俳優や演出家の出力も含めた組み合わせですから、脳内通りにはいかないものです。

最近、世界観を堅守できていれば、物語はどこから始まってもいいのかなって考えていて、原作通りに物語の最初から戯曲化するのもいいんですが、回想から入るとか、ラストシーンを最初にカマすとか、そういう構成の面白さもあることに気が付きました。原作ありきでも、いったん原作をバラして舞台用に再構築する感じです。

――他のメディアとは攻め方がちがうというやりがいは感じますか。

最近のアニメは、マンガ原作通りの話の運びや、コマ割り通りの作画じゃないと批判されるじゃないですか。声優さんで印象も変わります。舞台は作画とはまったく異なるアプローチで、舞台装置と役者がすべての表現を行う。それはコマ割りでは捉えられません。だから、脚本の意図がキャストとスタッフにきちんと伝わらないと、まったく別のものが発生してしまうんです。それが面白いときもあればつまらなくなるときもあるんですけど、ぼく自身は原作の代弁者としてそれを適正化する義務もあるわけです。ただし、ナマの人間が一回限りの瞬間に発力することは、映像にはない強い情熱と新鮮さがあって、思いもかけない面白さが舞台上に展開されることが多いんですね。この魅力はクリエイターにとって大きいと思います。

舞台ならではの作り方

――道具は何を使いますか。

ワードです。普通のウィンドウズ（笑）。

――喜多村さん独自の書き方やインスパイアの仕方とかありますか。

FRAGILE

先ほど述べたように、原作をユーザーとして一度楽しむことがスタートラインです。どんなコンテンツでも好ききらいでなくやってみて、面白さを見つけ、どっぷりハマってファンになるところから始めます。そうするとキャラクターの動きが頭のなかで勝手に始まるんですよ。最初は何も考えずに動いてもらうと物語が走りやすいんですね。そばには先輩方もいるしプロデューサーもいる環境なので、そうした方の仕事ぶりを真似したいんですけど、とにかく楽しんでみることが自分なりのやり方になってますね。音楽を聴きながら書いています。一人じゃないと集中できない性質なんですね。

――大勢の人がいると人格が安定しない性質。

そうなんです（笑）。いろんな顔をびくびくして使っているから。一人じゃないと脚本を書けないんです。

――舞台の特性に沿ったアイデアにはどのようなものがありますか。

歌唱やダンスは喜ばれる、舞台ならではの特性ですね。群舞の感動は他になかなか比較を見つけることができないと思います。観客を巻き込んだ演出も、キャラクターとのスキンシップになって評判がいいですね。それとやはり、キャラクターのエンジンがヒートアップしたときに訪れる、アドリブのエンペラータイムです（笑）。

ストーリーは原作準拠がモラルですけど、原作の表現を無理して舞台で再現しても、ファンからがっかりされるというか、「そんなの求めていない」とアンケートに書かれちゃいます（笑）。だけど、原作元と進めていくうえでそこはクリアにしたいですから、最近はよく話し合って舞台の特性を理解してもらい、その特性を反映させるようにしています。

オリジナルの部分をてんこ盛りにして結構なボリュームにしてみると、必要、不必要が意外と見えてくるものなんです。オリジナルの要素をもっと掘り下げたり、そこを活かすために他の場面をカットしたりというのが、舞台の特性を考えた、原作主義の脚本家の仕事だと思います。ゲームはアプリだと一枚画で動かないことも多いので、実際のアクションに起こすときはどういう動きをするのかを考え、「このキャラだったらこうするよね」という認識を、最初に自分のなかで作るのが前提になっています。

——二次制作の脚本家としては、観客をどのように意識していますか。

ＳＮＳやブログを通してファンの思いや画や二次創作映像を見ていると、期待されているキャラクター像がおのずと浮かんでくるので、それを脚本に反映させると、本当にうまくいきますね。キャラクターの素がすでにファンのなかで過不足なく概念化されているんです。『アルカナ』シリーズでは特にそれを感じていました。演出の八十島美也子《やそじまみやこ》さん(82)は、アドリブや日替りネタを舞台の魅力の一つにしていたんです。既定のキャラクターをあえてボカしたり、アドリブをすることでストーリー性の重い原作に、あるような、ないようなパートを入れてほんわかさせるというか、気持ちの小休止になって、観客が馴染みやすくなるんです。結果として、歓声のわくポイントになっていました。

――顧客のニーズが見えるんですね。

アドリブは、何度観てもちがうというのがあります。予感させてしまったらアドリブではないですよね（笑）。原作では描かれていなかった、裏で存在したであろう面白さを発見させてくれることで、ファンは何度も来場して楽しんでくれるし、初来場の観客には「このキャラクターにこんな私生活があったんだ⁉」ってことで、素を見せることが最大のサービスにもなっていました。

――原作元も観客も両方が見たいキャラクターの素ということでしょうか。

どちらも観つつ、という感じですね。

脚本という存在の特異性

――完成した舞台が自分のイメージとズレがあったり、新たな解釈の発見があったりしますか。

すごくたくさんありますね。ぼくは消極的で現場は演出家に任せるタイプです。「どういう意味ですか」と聞かれたら答えますけど、脚本を渡す以上には説明はしないんです。演出家と役者に委ねて、仕上がりをソデからこっそりと見て、面白くなっていればいいと思っています。期待はずれや解釈ちがいにはあったことないですよ。むしろ「そうヤルか！」という解釈から学ぶことの方が大きいですね。

――面白くない脚本とはどんな脚本だと思いますか。

自分の創作意欲を一〇〇％出した作品は受けないと思っています。「自分はこうしたいんだ」「こう見せたいんだ」というのを前面にした作品は、客観を失い、自己満足でしかないだろうと思います。みんなで力を合わせて舞台の完成度が上がるのを見てしまった以上、絶対にそう思います。

――原作をなぞるだけの無個性な脚本はどう思いますか。

役者やスタッフが最初に読むには、さっぱりしていてのびしろがあってちょうどいいのかなって思います。書いた人が演出もやるのなら、自分で考えて面白くしていける自信もあると思いますし、設計図としての脚本ならばそのくらいの難易度でちょうどいいのかなともいえます。舞台というのは、脚本に演出家が演出を乗せて、さらに役者が持ってきたものを盛るという積算芸術なんですね。映像のように一人の天才がワガママを発揮して無理矢理創れるようなものでは決してないんです。ですから、脚本としてはそういうのもありだと思っています。

——脚本家が演出を兼任する場合と、別々の場合とはどうちがいますか。

一人でやると全部を自分だけで決められて、ビジョンも明確にしやすいでしょうね。逆に二人いると美術のイメージや、演出を委ね合っちゃって、遠慮しながら作業したりぶつかったりすることになりますよね。ぼくの場合は、書くときに「このキャラは変身するけど、どうやって変身するのか？」とか「この技はギミックがすごいけど、舞台ではどう表現するのか？」なんていうのを、自分の想像力で発想して演出家にぶつけていくことが多いんです。いま組ませていただいてる八十島さんは映像のご出身なので、その分業のいい面と悪い面を熟知されていますから、作業しやすいですね。単純な数の力だけじゃなく、二人いればアイデアが倍化して面白さも倍増するということはあるんですよね。

——自分で両方はやらない。

取材記事を書かせてもらっていたころに、いろいろな舞台を観させていただきました。そこで、限られた空間のなかで、限られたものを使って見せるという技術が、まだまだ自分の引き出しでは足りないかなと痛感しました。映画やアニメの映像にギミックが盛り込まれていた場合、無責任に脚本にそれを持ち込むことはできるんですけど、板のうえにあるものだけで物理的に見せる演出ってまだまだ修行が足りないかなと思います。

――経験値が積まれれば将来的にありうるわけですか。

脚本家としても熟成されていないのに、いきなりどっちもやれとなったら、無理だから縮小生産しようってなっちゃわないかが心配ですよ（笑）。

――演出家や現場スタッフのすごい点はどこでしょう。

臨機応変さですね。提案した案が複数あっても、それ以上に個別案が必要なことが現場では起きます。自分で「ヤバい、足りない」と思っても、すぐに代替案がでてくる柔軟さがすごいと思います。ぼく自身は一方向からしか見た提案しかしていないのに、演出家はさまざまな角度からの捉え方をしていたり、さらにそれを現場や俳優へさばいていったりするんですから頭が下がります。

あとは予算です。美術のプランにもだいたいの予算感があります。どう建て込めるかとか、映像をプロジェクションマッピングできるかとか、各項目をアジャストして過不足なく組み上げていくスタッフの方々は、さすがにプロだと思わされますね。映像にはＣＧがあって、巨人もゴジラも平気で出せるけど、舞台はそうはいかないですよね。プロジェクションマッピングも一瞬カッコよく見えるけど、アンケートには「映写で手を抜くな」と書かれちゃうんです（笑）。

――ご自身ではメディアを変えてやってみる、あるいは舞台上で新しいチャレンジをしたいという意思はありますか。

舞台に限らず、いろいろなチャレンジをしたいとは思っています。携わらせていただく原作の素晴らしさを感じるたびに、自分でもオリジナルの世界観を構築したいなって思うんです。映画や絵本だったり、ゲームシナリオだったりは企画中で、気持ちがさまざまなメディアに挑戦したいという時期なんです。

――これから挑戦したいジャンルはありますか。

ホラーですね（笑）。乙一さんの原作や綾辻行人さんホラーのような泣けるホラーとかに憧れているんです。ヒューマンな物語が、書いていても個人的にも一番気持ちよくてしっくりとくるんですよ。映画のオリジナルのプロットを書かせていただいたときも、「いいシーンだなあ」って書きながら泣いていました（笑）。頭のなかである程度キャラクターは醸成されているので、脚本に落とせたらと考えているシーンは持っています。他にもヒューマンドラマだったり、アクションだったりをやっていきたいなって思っているところです。

――二・五次元／アニメライブの産業に言いたいことはありますか。

現在は供給量が多くて、深夜アニメと同じような産業状況になっている気がします。幸いなことに、自分が参加する作品は採算が取れるようにプロデュースをしていただいているけれども、「二・五次元／アニメライブにすれば儲かんじゃね？」と不用意な作品が量産されている印象はありますね。予算に合わない美術表現をして制作費が高額化しちゃったり、「有名俳優を連れてくればチケットが売れる！」という安易な話はよく聞きます。

でも、それではファンは来てくれないんです。観客はキャスト目当てではなく、キャラクター目当てなんです。それを忘れると次作につながりません。アプリゲームと同じで、残るものは残るし淘汰されていくものだと思いますね。男性向け作品がもっと増えればいいとも感じていますけれども、それが「巨乳＋ロリコン＋アイドルコンテンツ」にされちゃったら、やっぱり失敗するでしょう。これからは男性にも受けて、女性にも受ける作品の舞台化を増やしたいですね。実際に剣劇やガンアクションは、男女問わず求心力があるんですよ。

――観客に対して伝えたいことはありますか。

原作のその先を観てほしい、ということでしょうか。アニメや実写映画にするのではなく、わざわざ舞台化しているということは、そこにしか生まれない原作の新しい魅力と感動を板のうえに発生させている、ということなんです。原作そのものは原作で楽しんでもらいたいし、舞台では舞台ならではの魅力を感じてほしいわけです。舞台は、原作世界のちがうプラットフォームなんです。

――表現者として、脚本家として、クリエイターとしてこれからどうなりたいですか。

何でもできる人になりたいですね。一つのメディアに留まらず、映画もテレビもアニメもやりたいですね。幸いなことに、これほど希少で強い求心力を持つ舞台の世界からキャリアを出発することができました。ここを起点として、全メディアとは言わないけど、いろいろなジャンルに触れていきたいと思っています。

――本日はありがとうございました。

こちらこそありがとうございました。

【ゲーム原作／島れいこ】二〇一七年九月六日

ずっとゲームを作りたかった

――子ども時代から身近にゲームの環境がありましたか。

幼稚園のころからゲームがそばにあって、あって当たり前の家庭だったんです。親がゲーム好きだったんでしょうね。姉がいたので、ふたりで一緒にゲームをしていました。小学生のころからゲームクリエイターになろうと思っていたんです。

――早いですね！　その頃はどんなジャンルのゲームが流行っていましたか。

アクションであったり、ＲＰＧ（ロール・プレイング・ゲーム）なんかをよくやっていましたね。『ポケモン』もやっていたかな。小学生のときには大ブームです。そのまま中、高とゲーム好きのまま育ちました（笑）。

島れいこ（しま・れいこ）
デザインファクトリー株式会社ゲームプロデューサー。女性向けゲームのブランドであるオトメイトのゲームを中心に20本余りのゲーム作品に携わる。ゲームを原作とした映像作品など二次制作作品の監修も行っている。代表作品に、2010年『CLOCK ZERO～終焉の一秒～』、2011年『ＡＭＮＥＳＩＡ（アムネシア）』、2016年『Collar×Malice』など。

――最終的な進路はどのようにされましたか。

迷うことなくゲームの専門学校に入りましたね。ゲームを作られていた講師の方の紹介で、学校に通いながら某ゲーム会社にアルバイトで参加したのち、「正社員にならないか」とお声がけをいただいて、そのまま就職しました。アルバイト時代に大分経験を積ませていただき、のちの制作でもノウハウを活かせました。

ゲーム制作の工程

――現在、島さんが作られているゲームの制作工程の概要を教えていただけますか。

一番初めは企画からです。物語の世界観とかキャラクターを何人配置しようとか、そういったことを考えます。企画の段階でキャラクターの方向性をある程度決めてから、原画さん(83)と相談して、キャラクターをデザインしていきます。キャラクターデザインをしていただく人は企画が先行してからスタッフィングすることもあれば、その人が面白そうなものを描いたので起用させてもらって、それから企画が進むというふたつのパターンがあります。

――島さんが作画のスタッフとして編成できる人数は何人ぐらいのものなのでしょうか。

基本的には社内のデザインファクトリー(84)の開発状況によって編成するので、私が決めるというわけではないです。原画さんは内部の方もいれば外部の方もいます。私が製作したタイトルでは、シナリオライターさんはある程度固定のメンバーにお願いするようにしています。

――ゲーム制作にはどれくらいの人数が稼働するのでしょうか。

開発だけだと二〇人はいませんね。約一年か一年半のタームで動いてます。

――最近、システムは同じでキャラクターだけを置き換えるゲームも多いなかで、島さんの作品はとてもていねいです。

ファンにあまり同じような印象を持たれないように意識して作っています。同じような作品だったら作らなくてもいいかなという感じです。

――キャラクターや世界観が完成した次に行うことは何でしょうか。

大きくいうと物語のプロットを作ることですね。ゲームの構成です。これが一番大変で、同時に一番長くかかる作業でもあります。

――『Ｃｏｌｌａｒ×Ｍａｌｉｃｅ』（二〇一六年発売、以後『カラマリ』）は、実際の新宿の風景が描かれていますが、徹底的に現地を動いてロケハン（ロケーション・ハンティング）された結果、作られているという印象です。ロケハンもご自身でされるものでしょうか。

今回のファンディスク(85)の制作では、新宿の新しいロケーションを自分で歩いて取材しましたね。いろいろと動いて探してみました。

――『カラマリ』は、狭い街なのに国家的規模の事件が起こったり、見慣れた新宿の風景がいろいろな角度から描かれていたりと、とても独自で巧みな作品でした。この作品のプロットの作成時間はどの程度かかりましたか。

『カラマリ』は最初に作ったプロットを白紙にしたり、いろいろと変則すぎていて、プロットとシナリオが同時進行で半年以上かかりましたね。

――シナリオはセリフ部分と考えてよいのでしょうか。

主には実装されるテキスト部分、キャラクターのセリフや主人公のモノローグ（ト書き）のことですが、表に出ないフラグ[86]や演出指示なども含めて制作しています。

――その次の段階で、具体的にフローチャートや選択、分岐の方法がゲームシステムに落とし込まれるということになるのでしょうか。

プロットを作りながら、システムをどういうふうにするのかを考えてはいますけれど、プロットがある程度見えてきたら、プログラムの仕様を決めていきます。プロットと同時進行でシステムデザインを作っていくんです。

――それをご自身の立場ですべて並走させて管理しているわけですか。

そうなりますね。だから順番というものがなくて、企画以降はすべて同時進行なんです（笑）。

――それは神経を使いますね。キャスティングなどはどのタイミングで考えられるのでしょうか。

キャスティングに関しては企画が通った後すぐですね。

――それも同時進行。

キャラクターが決まったら、すぐにオファーをかけないと間に合わないんですよ。

――キャラクターデザインに関しては、修正のようなやりとりにどれくらいかけるものでしょうか。

タイトルによりますが、なるべく原画さんのイメージをそのまま採用したいので、現代ものだとあまり修正は入れません。ファンタジーものですと、どれくらいファンタジー感を入れるかのさじ加減がシナリオに関わってくるので、服装の按配とか、省略する部分を話し合ったりはします。

――やはり人気作だった『CLOCK ZERO』は、どのように開発されたか教えていただけますか。

最初はなぜか忍者ものをやろうと思っていて（笑）、同時期の他タイトルとの被りでボツになって時間がないなか、まずはタイトル決めから始めました。

――タイトルから決めた。

そうです。好きな英語を組み合わせていったら、『CLOCK ZERO』と、何も決まってないなかでタイトルだけ決まっちゃったんです（笑）。そのあとで自分の好きな言葉からキャッチコピーを作りまして[87]、そのタイトルとキャッチコピーから連想して、「物語の雰囲気はこういうのだろうな」とふくらませていったんです。

――逆からのアプローチだったんですね。

逆算的なものでした。原画さんと「原画の新しい境地を見せていきたいな」というのを話していくなかで、「子ども時代と大人の世界と、どちらも同じ作品のなかで描いたら面白いのでは」という意見が出て、そうなると時間の物語的な、タイムスリップものかなと考えていったんです。

――ファンの反応はいかがでしたか。

前作の『S.Y.K ～新説西遊記～』[88]（二〇〇九年発売）を知っている方からは、「大分、世界観を変えてきたな」という反応をいただきましたね。急にダークなものになりましたから。

――確かに涙にくれる物語ですからね。舞台化した際も、観客はみんな泣いていたという（笑）。『CLOCK

ZERO』自体は今後どのような形で継続していこうとお考えですか。

わがままを言ってしまうと、これまで一本一本全力で制作してきたので、過去のものを大事にしていきたいなとは感じています。その一環でファンサービス的なものも作りたいのですが、社内でやらなければならない作品の優先順位もありますので、なかなかタイミングが合わないんです。

二次制作に対する立場

――どの時点で他メディアでの展開（アニメ化や舞台化など）を意識しますか。

まったく意識していないですね。ゲームを作ることに集中しています（笑）。

――島さんはマーケティングにも注力されるプロデューサーだとうかがいました。ゲームの制作中もSNSなどで情報発信をしていくのでしょうか。

作っている最中からやっていますね。前のタイトルからある程度の規模のユーザーを誘導してくる感じです。

——作品は移り変わっても、ファンに対しては同じ姿勢。

前のタイトルで好きになってくれた人に対して、次にどういうものを出すかはなるべくお伝えしようとしています。

——二次制作がＩＰ（知的財産）として広まっている現状、原作者としての立場というものはどのようにとられていますか。

原作そのままに再現していただくよう努力するだけです。舞台化していただくことは本当にありがたいんです。ただ、脚本などをチェックさせていただくとき、もともとがゲーム屋なので尺だったり、このやり方で演出ができるのかという心配だったり、舞台の制作現場側にしかわからない物理的な部分もたくさんあって、その状態をチェックしていくのは結構難しいですね。そう意味では本職のゲームだけをやっていたいんですけど（笑）。

——映像の場合はいかがですか。

アニメの場合はもっと大変です。テレビシリーズであっても同じように尺が足りなくなることがあったり、シナリオを削らないといけなかったりするんですね。

――意図しないものが形になってしまうことはありますか。

原作側としてできることは精一杯やっています。しかし、先方の表現したいものもあると思うので、過程では意見を言うこともありますが、出来上がったものに対しては何も言いません。

――二次制作側と折り合わなかったとき、原作側として着地させる方法はありますか。

私の立場はマンガの原作者とはちがって、あくまでゲーム開発制作の代表として監修させていただいています。舞台化やアニメ化はオトメイト(89)の宣伝にもなるものなので、二次制作が始動した時点で主導ではなく協力の立場として関わっています。会社のためだったり、作品のためだったり、次回作のためにもなるわけですから。そのため、原作に影響がないオリジナル要素をこちら側から提案させていただいたくこともあります。

折り合いが合わない点は原作からの改変やオリジナル要素だと思うので、話し合いながら問題点を削っていけば着地点が見えてくるかなと思っています。

――共同で作る、ということですね。

絶対に原作通りでなければならないという想いではないんです。ファンがそのゲームのどこが好きなのかとか、好きなシーンはどこかとかを知っているのは原作側だと思っています。ですから、そこさえ押さえてもらえばいいのかなと思っています。

――二次制作に対する今後の要望はありますか。

可能な限りゲームのユーザーが求めていることを反映してほしい、という想いが一番ですね。これまでいろいろなメディアで展開してもらいましたが、どれも柔軟に吸収していただいていると思っています。もちろん事務的な煩雑さはあります。結構、細かく監修してしまうタイプなので、制作側を悩ませてしまうことも多いと思いますが……。

――ファンのためですよね。

やはり最初のゲームのファンを大事にしたいという想いがありますし、ファンは少しでもちがうものに触れると敏感に反応してしまいます。ファンが原作から離れてしまったという感覚に陥らないよう、「ゲーム以外の二次制作も一つの公式作品だ」と評価をいただくことを目指しています。

――最近は実写映像化で失敗する作品も多くなりました。島さんとしては何が原因だと思いますか。

実写化というもともとの企画のハードルが高いのだと思います。ハードルを越えるには、ものすごい熱意と労力が必要なんですよね。それでまずは、ファンが観たときにツッコまれないようにするのが大前提だと思います。作っている間に、作品に携わっている人間どうしでお互いにツッコんでおかないと、観客は違和感を覚えるのではないでしょうか。実写化してヒットしたものは、その原作の何が支持されているのかを、そのまま映像で表現できているからだと思います。

――現在、島さんが準備されている作品はどのようなものでしょうか。

『カラマリ』のファンディスクを鋭意制作中です。前作の続きで、かつ新しい物語を展開させています。新しい事件が起こったりとか。ガラッと変えることもなく雰囲気をそのままに、まだくわしいことはお話しできませんけれども。

――本日はお忙しいところ、本当にありがとうございました。

ありがとうございました。

第四章　アニメライブのプロデューサーの仕事

——その制作工程

1．企画から上演、ビデオ化まで

本章では豊陽子に密着し、業務に関するコメントをもらいつつ、二・五次元コンテンツ、アニメライブの制作工程をウォッチしたい。

■調査と企画

週に一度開催される、豊が座長を務める産学会議体で企画開発が行われる。主な会議資料は週明けに報告される前週末の興行数字や、大学でオペレーションされる調査エンジン『ＡＸＩＳ[1]（コンテンツ周辺コミュニティ計測システム〔Around of Contents Communities Investigation System〕）』の観測数値である。彼女が基礎設計を行った同システムは、コンテンツのその時点での風速と温度を計測することが可能である。データを大型ディスプレイに映し出して共有し、さらにＳＮＳの状況確認と対象コンテンツの映像確認を行って舞台化に適しているかどうかを吟味する。さらに、提案された新連載の原作をレビューし、その将来性も分析していく。「ポイントはファンが少なくても可燃力があるかどうかを見極めること。小さく生んで大きく育てられる原作を丁寧に探していきます」。大型のコンテンツを舞台化してヒットしても、それはあくまで原作の力なので、舞台という原作とは異なる二次制作のファンそのものを獲得しなければならない、という。「原作に準拠する作り方自体は、われわれにとっては本当は楽なんです。しかしその一方でファンに〝それならアニメでよい〟とも思われてしまうと、舞台作品の進化やファンの広がりが止まってしまう。それは原作世界の広がり自体も制限してしまうことだと思うんです。やはりコンテンツの魅力を感じてもらうためには、〝実態感〟という舞台の特性を原作サイドに理解してもらうこと、そして原作をリスペクトすることに尽きます」

・劇場サイズ（押えられている劇場公演期間と最適な公演時期はマッチするかどうか）
・原作の想定市場サイズ（原作元に確認していく）
・スタッフの組み合わせのプランニング（群像、コメディ、情熱系など、内容によってクリエイティブスタッフは変化する）
・舞台事業の採算性（期間、会場サイズによって大きく制作費は変動する）
・作品の番組編成（作品によって適した季節があるケースや、原作連動の可能性、スタッフのローテーションなどで編成は組み上げられる）
・スケジュール立案（宣伝期間、稽古期間、興行期間など、大掴みなスケジュールを策定する）

■企画書作成

原作の絞り込みが進んだ時点で、原作元へと提案する舞台化企画書の作成を行う。

・企画意図（なぜこの舞台コンテンツを製作したいのか？　なぜこの原作でなければならないのか？）
・事業項目（製作元の仔細や興行期間、想定劇場、想定製作費など）

・スタッフィングプラン（脚本、演出、音楽、美術など）
・制作ポイント（キャストの策定方法、演出のポイント、制作の独自性、衣裳プランなど）
・梗概《こうがい》（その時点で案出された物語案。原作準拠なのか、独自性を付与するのか、シークエルかプリークシエルか、外伝なのか）

「表紙が重要」と豊は語る。「原作のままのビジュアルを表紙に使用すると、アニメ化のような原作への忠実性を錯覚させてしまう。われわれの提案するものは〝実態化〟であって、作画作業とはまったく異なることを予感させる必要がある」という。そのためには完成イメージに近い写真を探したり、表紙のためだけの撮影も行うことがある。「原作元によっては〝舞台化はこうあるべきだ〟〝予算はこうなっているはずだ〟〝以前はこんなふうにやってもらった〟と見識と経験値を持たれている場合があります。そんな時には〝百の現場には百のやり方がある〟ということ、アニメーションでは巨大ロボットも人間も描画上は同じ労力だけれど、舞台のうえには実際にブツを持ってこなければならないわけで、ト書きひとつでまったく違う予算になってしまうことを繰り返し説明します。『そんなことは原作には関係ない』と言われてしまう場合は、基本的に舞台化への説得ができなかったということで断念するケースもあります」。

■打　診

原作元にアポイントを取得し、実際に会って舞台――アニメライブという特異な二次コンテンツの仔細を説明する必要がある。単なる映像化とは異なる部分が非常に多いからだ。従来のライセンス経験者ではイマジネーションできない現場の事情も多い。「最近は権利元も電話番号を開示していないことが多く、やっと連絡できても『電子メールで資料を送ってください。検討した後に連絡します』と言われ、数年経ってもなしのつぶて。気づいたら何の連絡もなしに他の事業者さんが舞台化している……とか（笑）」。

会ってからすべては始まる――しかし……「始まらないこともあるんです。窓口の方が原作のキャラクターデザインを商品許諾するだけの考え方だったり、そのライセンサー本務のビジネスしか知らなかったりすると、作品の話より前にライブ産業の説明から始めなければなりません」。お見合いも三顧の礼からなのか、何度も通って説明する必要があるらしい。最初につまづくとシャッターは閉まってしまう。豊のプロデューサーとしての親しみやすく、時には踏み込むインターフェイス、そして弾力性は事業の難しさを伝えるためのものだと思える。

■予算表作成

実写映像の場合、画面に映るものが原価に換算しやすい。ところが先述の通り、アニメーションや二次元コンテンツは巨大ロボットも等身大キャラクターも等価といえる。大げさだが遠くの美しい山々も花瓶も等価で描画されると考えてよい。実は最近では、実写もCGなどで描画されることにより、アニメーション的な制作換算が可能な（パートを持つ）作品も増えてきた。しかし実態化（ライブ化・舞台化）は違う。確実に原価が必要になる。アニメーション動画を活用したプロジェクションを多用した作品もあるが、あくまで一部にとどめないと実態化の意味がない。

「動画をプロジェクションするカタルシスは間違いなくあるんです。けれども実際のアクション部分について言うとアニメーションの動きはカタルシスの極致であって、それを舞台でプロジェクションすると確実に負けてしまう。われわれはあくまで肉体の極致を目指すのであって、それを忘れると観客も感動してくれなくなるんです」。

予算は〝実態化〟のコンセプトを忘れぬよう組まれていくことになる。大きく変動するのは席数などによる劇場の賃貸料であり、登場キャラクターによるキャスト費だ。剣闘などのアクションが増えればの稽古費用も増える。必要で過不足ない設計が必要だ。

「うちのレギュラースタッフの人件費はルーティンで予算化していますが、やはりキャスト費と映像効果の部分を着地させるのが難しい」。

映劇ライブエンターテイメントほど年間作品を抱えられれば、人件費や基本美術の見通しはつきやすい。しかし作品によっては先の項目が大きく変動する。

「不必要な制作費なんてないんです。ただ観客に伝わるためには本当にその制作費の使い方でよいのかどうか徹底的に検証し、アイデアを出し合います。客席に届かないのならどんなよい原作でも舞台化の価値はなくなってしまう。〝こうであれ〟とか〝今までこうだった〟というプライドがいちばん邪魔ですね」。なるほど、「二・五次元／アニメライブ」というコンテンツは二〇〇〇年代に本格化し、劇という最も原始的なエンターテイメント技法をもってコンテンツ史に突如誕生した。保守的な産業のなかで、しかも歴史を持つ団体ほど助成金や協賛金を受け取れる現況で、(2)予算の策定は極めてシビアといえる。「映画系スタッフがコアメンバーの組織なので、その採算性の追求とマーケティングの訴求力は〝観客にリーチしてこそ価値がある〟という映画の過酷なコンセプトのままです。許諾をもらいたいがために原作へご機嫌を取るような、単なる原作至上主義では決してそこまでたどり着けないし、観客にも届かない。徹底した予算策定はそのためのものですし、それが原作とファンのためなんです。続かなければ舞台化の意味がない」。

予算によっては単体の興行でなく、数回の興行を視野に入れ、観客市場を育てていく思想のものもあるという（本書八八ページ）。

■スタッフィング

この時点で、基幹スタッフはほぼ確定している。それはプロデューサーに連なる映画では監督などが中心となる〝組〟と呼ばれるものと同じで、舞台では多く

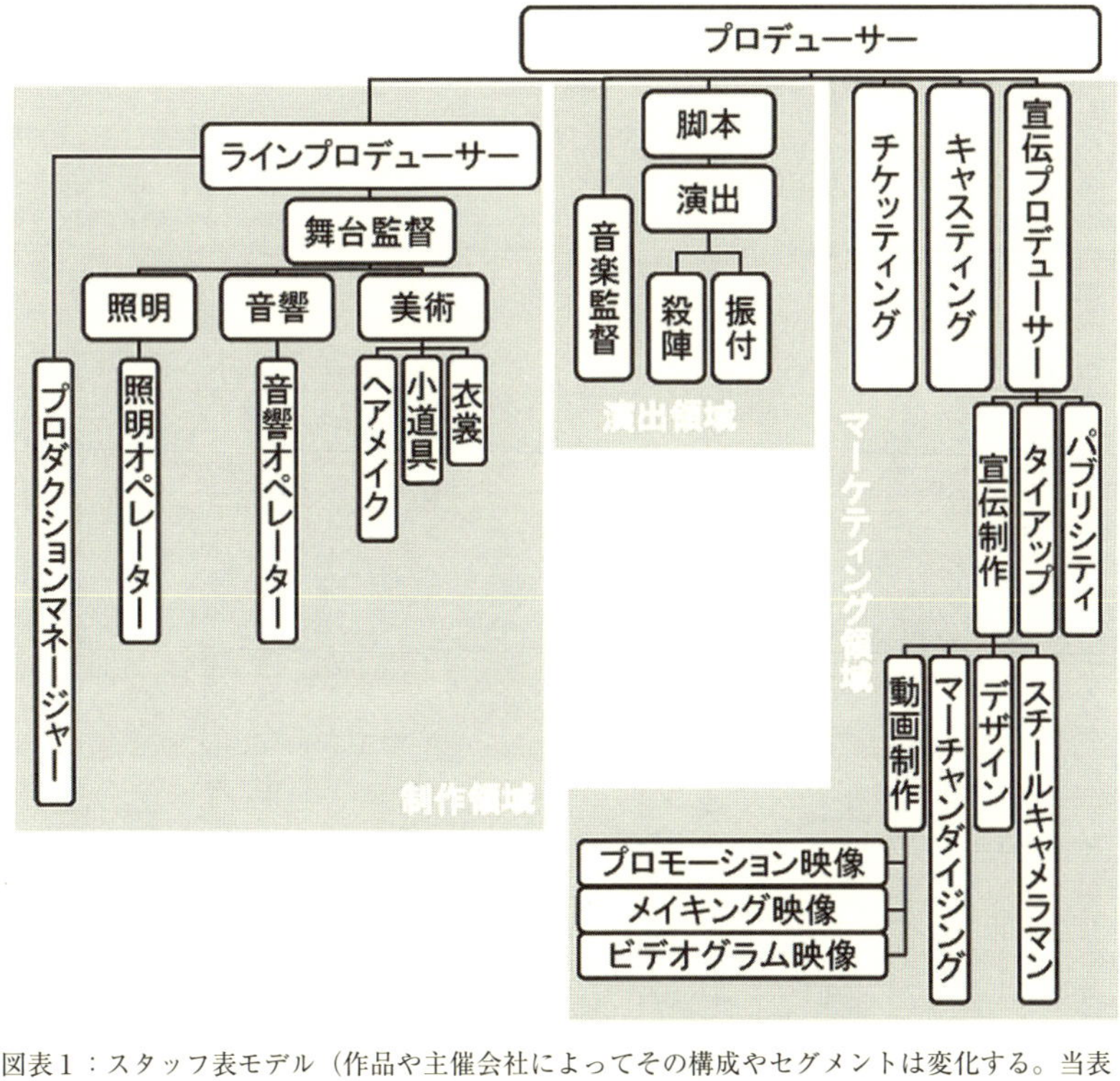

図表1：スタッフ表モデル（作品や主催会社によってその構成やセグメントは変化する。当表は映劇ライブエンターテイメントのモデルである）

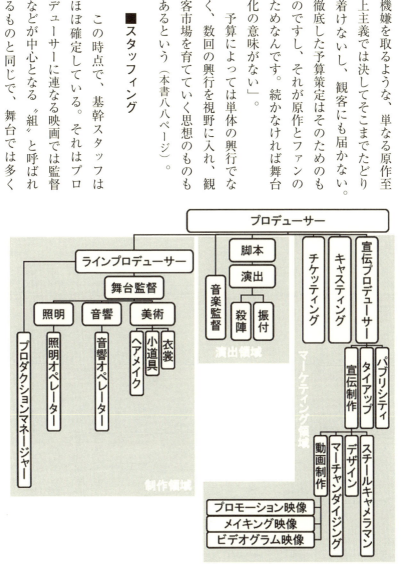

〝カンパニー〟と呼ばれる。

作品の向き不向き、スケジュールと予算、演出内容からプロデューサーがラインプロデューサーとしての制作と検討し、リストは埋められていく。「ラブストーリーに向いてる人、群像に向いている人とクリエイターもいろいろですが、大事なことは嘘をついて進めない、互いの事情を理解してくれるスタッフ。プロデューサーは原作的にも資本的にも事情を抱えるし、クリエイターは二次的な創作ゆえの苦労を抱える。そんな相手の事情を察して何もいわずともオペレーションしていく仲間がもっとも大切ですし、頼れる存在であるといえますね」。

■キャスティング──オーディション

制作のグリーンライト（青信号、事業開始の法的合意がなされたこと）が点灯して最初にやることは、キャスティングとなる。キャラクターの顔面だけでなく体型も含めた相似性、アニメーションやゲームが原作の場合はその声質までもがキャスティングの要件となる。「体系と顔が似ていると意外と声も似ている。そこは不思議な面白さですね」。

豊はオーディションもよく行うことで知られる。舞台中心の活動をする俳優事務所に作品の告知を行い、事務所からの推薦やネットワークで呼集をかけた俳優陣を、数時間に分けて面談し候補を絞るのだ。「一度に最大で五人程度に寸劇や歌唱をしてもらって絞っていきます。ただ上手い下手とは異なる社外秘の選択基準もあるのですが、それはやはり会わないとわからない。映画などの映像作品と違って、キャメラの前だけで成立すればいいわけでなく、稽古と公演の期間の数か月、同じ船に乗るクルーとして尊敬し合える人格かどうかも基準になっていきます」。映劇ライブエンターテイメントがキャスティングした俳優は別作品での再登板率も高い。(3)どれだけ濃厚な時間と空間を共有できるかが作品の成否につながる。

【オーディションメニュー】（一グループ五人程度。一グループ一時間程度を九時～二十二時で二～三日）

・自己紹介
・寸劇
・歌唱
・質疑
・特能のプレゼンテーション

■顔合わせ――オールスタッフ、オールキャストの初めての集まり

キャストが確定し、すべてのスタッフとキャストが一堂に会するのが「顔合わせ」と呼ばれる会合である。原作元からプロデューサーや俳優事務所の人間までが集まって挨拶がなされ、作品のコンセプトが説明される。「大切なのは誰が責任者であって、誰が作品のクリエイティビティに責任を持つかを周知させること。前者はプロデューサーで、後者は演出・脚本家なんですが、若いキャストは意外とぶらっと学校の延長気分で来るなんてこともあって、プロの緊張感を共有させる場所でもあります。最近は産学連携で音響のしっかりした大学のホールを長時間お借りできることもあり、より丁寧な読み合わせができるようになりました」。

【顔合わせメニュー】（約半日かける）
・主催プロデューサー、原作スタッフ挨拶
・各スタッフ挨拶
・各キャスト挨拶
・演出家、脚本家による作品コンセプト説明
・最初の脚本の読み合わせ
・演出家・脚本家からの演技指導、キャラクター造形に関するアドバイス

■音楽制作・衣裳制作

プロデューサーが音楽家を策定、演出家から具体的な音楽のジャンルや楽器など、音質の指定を出し制作に入る。同様に原作のビジュアルを基に衣裳やウィッグ（かつら）の制作も開始される。「いい素材の原作そっくりの衣裳だからいいわけではないんです。観客が〝実際にキャラクターが存在している〟と認識してもらうための自然な衣装やウィッグでなければ、コスプレと変わらなくなる。そこは実写映画化のようなリアリティが必要になり

図表２：顔合わせ光景

ます」。

■稽古

舞台用の特別なスタジオで、公演まで約一カ月間の稽古を行う。

・本読み
・ミザンス（立ち位置確認）
・立ち稽古（芝居・アクション・ダンスなどをつけていく）
・通し稽古（気になった点は返し稽古で修正していく）
・衣裳付通し稽古
・ゲネプロ（本番と同様な興行会場での最後の予行演習）

■ビジュアル撮影

宣伝用のポスターとチラシ、そしてサイト告知用と物販グッズの制作用に、衣裳とメイクを完備した形で先行的な撮影が行われる。「企画時点の〝実態化〟のイメージと、ビジュアル化されたイメージとのギャップを埋める作業です。まれに原作元の方にも立ち合いをお願いして、〝実態化〟を目の当たりにしてもらうことで理解を深めていただきます」。プロモーションビデオも同時に撮影する。テレビコマーシャルや動画ＳＮＳへアップし、宣伝するための素材である。

【スチル】

・個別ショット（全身、アップ、小道具を持ったポーズなど）

・キャラクターの組み合わせショット

・集合ショット

いずれもレタッチと呼ばれるアニメ的・映画的な質感処理がなされたうえで俳優事務所に確認してもらい、使用する。

【動画】

・個別ショット

・集合ショット

・グリーンバック（合成用素材）

・ロケーション撮影（屋外での撮影）

■脚本調整

原作元に提案して承認を受けた脚本であっても、劇場の設備や美術の事情で変更せざるをえなくなったり、演出家がキャストの仕上がり具合を見て演技のウェイトを変更せざるをえなくなったりと、稽古の過程で現状に合わせて脚本は進化する。稽古の過程でいいアイデアが演出家や脚本家から出た際は、プロデューサーが原作元に説明をし、承認を得ている。「どんなに計算されていても、ドライブ感というか、ライブの間合いには、映像には絶対に発生しない〝瞬間のカタルシス〟が激発します。観客は劇場にそれを観にきています。そのドライブが舞台のエゴにならないように原作に理解を求め、観客にカタルシスを届けるのが脚本の調整作業となります」。

保守的な立場の原作から、舞台制作の現場特有の事情はリジェクトされないのだろうか。「現場を見ていただければ、経験値の高い原作元さんほど理解が早いんです。われわれがエゴや趣味でそうしようとしているのではなく、それが物理的な制限であったり、ファンのニーズに応えた結果であったりすることがすぐに伝わります」。ほとんどのケースでは「演出家＋脚本家⇕プロデューサー⇕原作元」の構造のなかで行われる。「けれども、プロデューサーが演出家と原作の間に立たないことがいい時もあります。業界が違うと時間の感覚も違いますから、間に立つことのロスもあるんです。直接に考えを交わした方が早く着地する。一方で演出家の意図が〝伝わりにくいだろうな〟と判断した時はあえて初稿は、原作元にわかりやすいように脚本家に書いてもらいます。その後に演出家が稽古をしながら物語を肉付けしていき、その工程で原作元にも説明して相互の理解を深めていく」――ファンを見続けることによる信頼関係がベースにある。舞台の脚本は必ずしも稽古入りから初日まで、また楽日まで一定とは限らないわけだ。

■宣　伝

「宣伝は私の映画会社時代の方法論で構築しています」豊が担当していたあらゆるサイズの映画（作品によって公開館数が大きく異なる）の経験が舞台宣伝の骨格を作っている。

【制作物】
・メインビジュアル（ポスターやチラシ、サイトのトップページに使用）

【公式メディア】
・公式サイト
・公式ツイッター

【パブリシティメディア】
・情報サイト
・雑誌・新聞
・電波メディア

業界で先駆けてツイッターによるネットロビー（SNS上での作品プロモーション）を行ったのは豊である。さらに舞台独自のプロモーション映像の制作と動画サイトへのアップロードも豊が映劇ライブエンターテイメントで始めた。「最初はチラシを撒くか、雑誌取材をしてもらうしか方法がなかったんです。けれど二〇〇九年から始めたツイッターの情報の拡散スピードと積算性は、舞台という限定空間メディアにはぴったりだった。プロモーション映像は二〇一三年には本格化しました。映画スタッフの集まっていた会社としては得意な制作領域だったんです。ただ映像がアーティにならないよう、映像自体の作家性よりも舞台の作品性、キャラクター性重視の、視聴者が受け止めやすいタイプのものにするのが意外と難儀でした」。うっかり芸術的に先鋭化するコマーシャルフィルムは多い。それだと顧客の求めるものではなく、ディレクターの自己満足に終わってしまい、目的である商品情報のリーチからは離れてしまう。観客と運営側が同じ高さに立って情報をやりとりするツイッター、手軽に作品のイメージを映像で届けるSNS。〝ライブ感〟が大事なコンテンツであるからこそ、事前の空気を伝え共有する必要がある。ここでもSNSが大きな役割を担っていた。

■パブリシティ

基本的には公演情報が情報媒体へインフォメーションされて、採用されれば記事となる。なじみの媒体であればデータの送付だけですむ。しかし、レギュラーの媒体以外を開拓するには電話連絡で営業するしかなく、個別の媒体へ電話でアポイントを取得し、訪問して作品の説明を行う。地道だが〝宣伝が市場と向き合う最初にして最も重要な仕事〟といわれるゆえんである。「ツラいものです。どれだけ懇切丁寧に話しても無碍に断られたり、掲載を梱に居丈高にされたり。でも宣伝スタッフはそれを受けることで、タフさを獲得したり、市場の求めているニーズを知ることができたりするんです。制作スタッフが知ることのないナマのニーズです」。某最大手の映画会社で、「社長になれるのは宣伝出身者だけ」といわれるのはそのためだろう。宣伝からスタートし、〝創りたいもの〟と〝ファンに求められるもの〟の両立を体感する――それが宣伝の醍醐味だ。

【パブリシティ用資料】
・リリース（キャスト・スタッフ、公演期間や興行会場などの情報が記載されている）
・パブリシティ用ビジュアル（メインビジュアル、俳優のオフィシャルビジュアルなど）
・キャストプロフィール
・スタッフプロフィール

【パブリシティ工程】
・リリース資料などを準備
・リスト化されたレギュラー媒体へ連絡し、掲載の確約を取得
・新規媒体の開発とリリース掲載の営業（主に電話と訪問による説明で行われる）

■イベント

券売の弾みになるよう、そしてファンが事前に期待感を共有できるように行う。タイアップで会場をレンタルしたり、タイアップ先の商品を同時にコラボ化して提供するなど、コアファンだけでなく新規層を取り込むことを目的ともする。「チケットを購入しただけではファンは〝本当に期待に値するのか？〟と不安なんです。でもイベントでキャストとスタッフの意気込みや情熱を伝えられれば、不安はより大きな期待へと変わります」。

・会場の予約（歩留まり——動員の最大値を予測し、会場サイズを策定）
・内容企画（トークショーやチケット特典の渡し方、上映コンテンツの企画など）
・上映コンテンツの制作
・キャストスケジュールの押さえ
・シナリオ作成
・運営（設営、人員配置設計、備品などの搬出入）
・販売チケットの準備とクレジットカード決済システムの会場設営
・観客動線の確保（ロケーションでの案内板やアテンド）
・撤収

■商品企画

・パンフレット（レタッチ写真、スタッフ・キャストコメントのレイアウト、入校など）
・缶バッジ
・ブロマイド（レタッチとロゴのレイアウト、入校）
・その他、ステイショナリーなど

デザインものは撮影された素材のレタッチと俳優事務所、原作の確認の後、商品デザインへと渡され、当該作品で企画されたさまざまなグッズへとレイアウトされていく。基本的なソフトはイラストレーター（アドビ社）。データが製造工場へ納品された後、数日～数週間の期間を経て商品の納品に至る。

「多くの場合、基本的なメニューが設定されていますが、作品によってパンフレットが求められたり、缶バッジだけが伸びたりと、決して売れ方は同じではないんです」。豊の感覚では、何かレギュラー商品をひとつでもオミットすると、主催側の〝やる気のなさ〟を感じさせてしまい、それが物販の販売やひいては興行の券売の消極さにもつながるらしい。「ファンはキャストだけでなく、スタッフの情熱を感じます。スタッフはファン代表だと思ってらっしゃるんです。当然われわれはその意識で会場に立たねば」。

■初日

初日前日に〝コヤ入り〟という稽古場から会場への移動が行われ、美術や照明音響機器の搬入と設営も行われる。そして設営が完了した次の日――初日に「初日おめでとうございます」の掛け声とともに、メイク・衣裳、そして音響や照明も本番と同様にした最後の演習が行われる。〝ゲネプロ〟である。

また同時にロビーの設営も行われる。

・チケット（モギリ、会場でのチケット受け渡し、関係者受付）
・特典渡し
・物販
・「ガチャガチャブロマイド」（カプセルトイ用の小型自動販売機でブロマイドの番号を販売し、番号とブロマ

イドを交換する射幸性のあるランダム販売商品）

これらの準備と、座席案内のアテンド、上演中の遅刻者の誘導ルールなどが確認され、約一時間前からの客入れが開始される。ロビー設営が遅れたり、ゲネプロの遅延、最後の演技指導などにより、開場が遅れることもある。「当然の顔をして開場遅延はできません。待ってくださっている思いは、作業していてもひしひしと伝わります。ただ不完全な状態での開場、不完全なお芝居での初日ほど怖いものはない。少しでも精度を上げて開場したい」。

■会場運営

初日から約一週間ほど、その会場は主催者たちスタッフとキャスト、そしてファンの聖地となる。観客の動線を設計し、そのホスピタリティを上げなければならない。また、キャストもファンも劇場に通うということが一体感を盛り上げていく。「なかなか他のコンテンツではないですよね、〝皆が通う〟って。ファンも北は北海道、南は沖縄まで、全国から何度も通ってくれる。聖地の守衛である私たちはそれに応えなければ」。

会場によってロケーションの事情はさまざまである。繁華街であったり、郊外であったり。その場所その場所でのローカルルールも発生するし、だからといって決して揺らいではいけないモラルもある。「私たちの舞台では、とにかくファンに優しくすることがポリシーです。正直に言うとわれわれもミスをしてしまうこともある。それを優しく許してくれるのもファンなんです。互いに思いやれる環境を作り上げたいと思います。『われわれスタッフも感動に一役買っている』、そんな思いはファンに必ず届くんです。ファンはその思いを受け止めて通ってくれる」。

・チケット班
・物販班
・アテンド班（会場案内）

大きくは三つのチームで役割を分担し、楽日まで会場を運営していく。

■ビデオグラム収録

やむをえない事情で来場できなかったファン、そして何度でも感動を反芻したいファンのために、上演内容は収録される。複数のキャメラで全体、各キャラクターと過不足なく撮影するが、特定の回に撮影クルーが会場に入るため、事前にその旨は告知されて観客に周知される。収録素材に観客が映る可能性もあるためだ。最高画素で撮影された素材は編集、整音され、DVDフォーマットへとオーサリング、プレスされてパッケージ商品となる。そのまま上映やテレビ番組用原版としても使用され、「ライブ→デジタル」の変換がなされたコンテンツは、やはりその利用の汎用性が担保される。今後は応援上映(4)的なライブビューイングも企画したいと豊は話す。「舞台が原始的エンターテイメントであるなら、楽しみ方や届け方自体は進化してもいい。デジタルのソリューションを経由することで一人でも多くのファンに届けられるのなら、それを企画して準備し、実行するこそが製作者ですね」。

二〇一七年九月四日の一九時より、ユナイテッド・シネマ豊洲にて『舞台アルカナ・ファミリア2――23枚目のタロッコ――上映会＋トークショー』が行われた。それはＤＶＤのための映像原版を上映したものだったが、まさに応援上映的な盛り上がりを見せ、ツイッターなどでの反響は凄まじいものとなった。ライブエンターテイメントのひとつの新しいスタイルが確立された瞬間だった。

■千秋楽

初日同様、「千秋楽、おめでとうございます」の言葉で最後の一日は始まる。「もっとも脂の乗った瞬間に楽日は訪れる。そのために曲線を描いて芝居の質もファンの熱度も上昇していき、ピークを迎えるんです」。必ず訪れる有終の美。いつも間違いなくピークとなるのかと豊にたずねたところ、「私が担当した作品で、千秋楽ががっかりだった時など一度もない。どんな作品でも最終日にはファンが去りがたく、キャストも板から降りがたい……そんな気持ちになるんです。その一体感は普遍的で中毒的（笑）。この仕事をやってきたよかったな、と思うピークの瞬間です」。無事に上演とカーテンコールを終えた後、速やかに撤収が行われる。美術、照明、音響機器の解体と搬出だ。一足先にメイクを落としたキャストとクラシカルスタッフたちは打ち上げ会場に移動し、打ち上げを開始する。各スタッフ、キャストの反省と次作への弁、そして原作からの評価のコメントを受け、会は進み、撤収を終えたスタッフが合流し再度コメント、散会となる。「その間もマーケティングスタッフはツイッターなどでのファンの声を拾い、お礼のコメントを書き込むなど、作業は続くんです。この仕事（宣伝）だけは終わりがない」。

■ビデオグラム発売

先の収録で作られたＤＶＤパッケージは数か月後に発売される。興行期間中に予約を取り、発売と同時に発送する。当然、公式サイト、公式ツイッターで告知されてリリースもメディアへ打たれ、上映会などのイベントも開催するなどファンへのリマインドを怠らないようにし、当該のプロジェクトは完了、次作への準備が開始される。「ＤＶＤの発売は同窓会みたいです。ファンも互いに〝逢いたかった〟〝元気だった？〟〝あの時はね……〟――なんていいながら集ってきますし、イベントがなくてもＳＮＳで皆、再会を喜び合うコメントがあふれるんです」。ファンとクリエイター、キャストの群れがひとつの民族のようになって、ゴールのない、次の時間と空間の共有を目指して旅をする――そんなコンテンツがライブエンターテイメントなのだと思わされた。

2．事業予算、コンテンツ制作予算解説

■事業予算と収益構造

通常、アニメライブはどのような収益構造となっているのか。取得した事業計画表を基に検証したい。図表２（前ページ）によると売上構成は①興行、②物販、③ビデオグラムで完結しており、従来、映像

コンテンツなどが持っていた回収プラットフォームである放映権については、地上波・BS波・CS波・ケーブル・ホテル・機内上映などのメディアへの販売を期待していないということが見て取れる。ただし最近はSNSでの放映権（自動公衆送信権）からのニーズが発生しており、オプションの売上として計上されるケースがあるが、販売価格としてはテレビ放映権に大きく及んでいない数十万円単位での値付けである。

■コンテンツ制作予算

次に取得したコンテンツの制作費明細を見てみよう。これらの各項目とセグメントは通常の映像制作に酷似するものの、その職掌と職位、及ぶ職域が映像分野とは大きく異なる可能性があることに注意する必要がある。しかしながら、映画制作を基点とする映像産業そのものが舞台から発していることを考えれば、その根源において大きな差異はないといえる。

図表3（次ページ）から見て取れる当該事業の特徴としては、映画などのコンテンツとは異なり、動員収容量は、

当該劇場保有席数×公演回数＝一興行当たりの最大売上値

と、すでに売上の最大上限が確定されているため、制作コストが厳然として逆算設定されており、それ以上のコストの増額をしない以上、大きな事業失敗はないといえることにある。

【DVD】

DVD収入 （予想購買率：動員数×≒40%）	総枚数=3000	個数	単価	合計
	7,200円（税込） ※6,666円（税別）×75%卸	3000	5,000	14,998,500
			DVD収入計	￥14,998,500 ⑥

DVD商品製造費用	個数	単価	合計
製造一式	1	3,500,000	3,500,000
プロモーション	1	300,000	300,000
		DVD商品製造費用計	￥3,800,000 ⑦

変動費	変動率	単価	合計
メカニカルなど（3000枚として）	6.5%	6,666	1,299,870
		変動費計	￥1,299,870 ⑧

DVD収支予想	DVD粗利
	￥9,898,630 ⑨
	⑥-⑦-⑧

【MD】

MD収入（コストは販売会社負担）	動員数	税抜単価	原価率	合計
パンフレット	5760	1,389	40%	4,800,384
ブロマイド	5760	463	40%	1,600,128
ブロマイド（GP）	5760	1,389	40%	4,800,384
ブロマイド（ガチャガチャ）	5760	463	40%	1,600,128
キーホルダー	5760	463	40%	1,600,128
			小計	￥14,401,152 ⑩

全体収支（興行・DVD・MD）	粗利率	粗利
	43%	￥28,699,782

⑤+⑨+⑩

図表3：アニメライブ事業モデル（収益概算プロジェクト計画書モデル：舞台興行・DVD・物販）
（当該事業関係者に対する聞き取り調査を中心に公野研究室で作成、一部端数処理をした）

環境設定	金種（単価）	総席数	全公演数	フル席数	フル収益額
総キャパ数（設定係数と購入予想の単価は同一のこと）	6,597	600	12	7200	￥47,500,000

【興行】

興行売上見込	券種	券種（税抜）	1公演当り席数	係数	席数	公演数	合計席数	合計
A席（１～２列）※8,500円（特典込）	7,750	7,176	100	80%	80	12	960	6,888,889
B席（３列目以降）※7,000円（特典無）	7,000	6,481	500	80%	400	12	4800	31,111,111
A+B計		6,535	600		480	12	5760	
							興行売上見込計	￥38,000,000 ①

制作費（拠出総額）※固定費	
NegaCost（舞台制作費）＋P&A（宣伝費）	25,000,000
計	￥25,000,000 ②

固定費	個数	単価	合計
諸経費	1	1,000,000	1,000,000
		固定費計	￥1,000,000 ③

変動費	係数	単価	合計
20%	20%	38,000,000	7,600,000
		変動費計	￥7,600,000 ④

興行利益見込	集客数	充足率	興行粗利
	5760	80.00%	￥4,400,000 ⑤
			①－（②＋③＋④）

大項目	中項目	単価	数量	日数orステージ	計
■マーケティング関連					
宣伝	ポスター、チラシ印刷物＋雑費	50,000	1		50,000
	PR用ビジュアル撮影関連制作（衣裳、メイク、カメラ等）	250,000	1		250,000
	キービジュアルデザイン	250,000	1		250,000
	HP作成、管理	150,000	1		150,000
	マーケティングプロデューサー費	300,000	1		300,000
	SNS/WEB周り	300,000	1		300,000
	パブリシスト稼働費	280,000	1		280,000
	イベント制作・特典制作費	5,0000	1		50,000
公演中劇場対応	窓口・誘導対応	100,000	1		100,000
	雑費	3,5000	1		35,000
				マーケティング関連小計	1,765,000
				総　計	22,915,000
				税込総計（税８％込）	24,748,200

公演回数：全12公演（脚本の内容によって、予算は変更となる）

図表４：アニメライブ事業モデル制作費概算（推定値）（筆者による個別スタッフへのインタビュー調査による推定値からの起表で、インタビュイー企業群の正規のものではない）

大項目	中項目	単価	数量	日数orステージ	計
■企画開発					
	脚本執筆・文芸費	1,000,000	1		1,000,000
				企画開発費小計	1,000,000
■劇場使用料					
	劇場使用料	3,000,000	1	1	3,000,000
				劇場関連小計	3,000,000
■美術関係費					
	大道具製作（舞台装置制作、人件費、撤収費一式）	400,000	1		400,000
小道具	小道具代	150,000	1		150,000
	演出部製作小道具材料費等	300,000	1		300,000
特殊効果	オペレーター	150,000	1		150,000
	雑費	50,000	1		50,000
照明費	照明機材・照明プラン・諸経費・輸送費・人件費一式	800,000	1		800,000
音響費	音響機材・音響プラン・諸経費・輸送費・人件費、SE制作等一式	850,000	1		850,000
映像	映像機材一式（DLP、スクリーンなど）	300,000	1		300,000
	現場オペレーター	200,000	1		200,000
雑費	舞台雑費	200,000	1		200,000
衣装/ヘアメイク関係	衣裳制作・当日着付け	800,000	1		800,000
	ヘアーメイク、ウイッグ制作・メンテ	1,000,000	1		1,000,000
				ステージ関連小計	5,200,000
■キャスティング関連					
	一式	5,000,000	1		5,000,000
				キャスティング関連小計	5,000,000
■制作関連					
制作・演出部	一式	3,000,000	1		3,000,000
舞台監督	舞台監督（稽古運営含む）	600,000	1		600,000
	舞台監督助手（稽古運営含む）	300,000	2		600,000
音楽制作・指導・振付・著作権	一式	2,000,000	1		2,000,000
雑費	制作雑費（本番諸経費）	200,000	1		200,000
				制作関連小計	6,400,000
■稽古場関連					
稽古場	稽古場レンタル	350,000	1		350,000
雑費	稽古場雑費・保険	200,000	1		200,000
				稽古場関連小計	550,000

映画の場合、当初の収益計画よりブレる後天的な売り上げ目標の変動や（制作費がかかりすぎたなどの事由）、社会環境や興行事情による売り上げ計画の大幅な変更（興行チェーンサイズの変更）などが起こりうるため、現在ではハイリスクなビジネスと知られている。それと比較した場合、このアニメライブというコンテンツ形態が題材の種類を慎重に選ぶことにより、元来バクチ性の高いコンテンツビジネスにおいて最低限のリスクの回避が可能なビジネスモデルであることがわかる。

第五章

二、三次制作のマーケティングとホスピタリティ

この章では、コンテンツメディアとしてのアニメライブのマーケティングについて、その工程と効果について解説したい。前章で工程については述べているが、その具体的なソリューションと意味の分析である。

二・五次元/アニメライブの興行の場合、映画興行などとは異なり、宣伝費は厳然と設定される。それというのも前章で検証したように、劇場と興行期間のキャパシティによって動員の最大値が最初から確定されており、映画のように〝当たれば興行収入が上ブレする〟という売上特性は基本的にないからだ。その意味で経営的には最低値の予測こそが事業可否の最大のポイントとなる。一方で〝有名俳優ファン〟〝劇場固定客〟などのマーケティング要素が予測値算定の基準となるため、製作者はその獲得とグリップが課題となっている。

ただし映劇ライブエンターテイメントのラインナップのように、「俳優で売るのではなく、コンテンツそのものの面白さを商品化する」「原作の魅力を最大化する」という作品思想は、かつて映画会社の松竹がラインナップのコンセプトとした蒲田調・大船調の「非俳優依存」思想を彷彿とさせ、さらにそれは脚本力と演出力に担保されるため、企画力・制作力が問われることになる。重要なのはさらにその魅力を顧客に予感させ、パブリシティを伸長させることである。しかし先述の通り、「イニシャルは小さく、大きく育てる」ことがテーマの予算設計ではマーケティング費用は限りなく低減されているといってよい。

またこのコンテンツの特性としてすでに〝原作マーケット〟が組成されている、という前提もある。この場合、完全に〝原作通り〟のコンテンツを制作できれば問題はないのだが、多くの場合、メディア特性の違いというよりも、主な顧客がすでに市場形成されているライブエンターテイメントの顧客であるということから、内容や印象に微妙にギャップというか、〝違い〟も生まれやすい。マンガとアニメーション、マンガと実写というメディアコンバートでも起こりやすい現象であるが、物理的に可能か不可能かということもさることながら、〝原作のまま〟という枷からどう解放され、そのメディアの特性に即したマーケティングを実現できるかという課題もある。

1．ビジュアル制作

二・五次元／アニメライブコンテンツは、先行する原作がある場合がほとんどだが、当然ながらそれらは二次元ものか、もしくはテキスト媒体である。しかしながらマーケティングで使用される宣伝素材は三次元化・物質化したものとして撮影され、準備されなければならない。つまりモデルとなるデザインは存在するものの、それらは二次元的な物理法則を無視したものや自然界には存在しないと思われる物質などで表現されているものも多数あり、それらを物質化し、そのうえで興行期間のアクションにおける耐久性を付与することが最優先課題となるわけである。

祖形としての原作デザインは紙型的な引用はできず、そのうえ、ヘアスタイルも物理法則を無視しているものもある。三次元化の作業はここから開始されるといっても過言ではない。

■プランニング

原作からの遵守すべき、もしくは遵守可能な部分はどこか、あるいは三次元化は可能であるが、キャラクターが実世界に実在すると仮定した場合、その社会生活上、あるいは社会通念上、三次元化してしまうとおかしな部分はどこなのかを洗う。無論、それを忘れてもいい原作もあれば、原作通りでは三次元化が現実的に困難なものもある。またこの時の「三次元化コンセプト」はすでに企画書の段階で盛り込まれているものではあるが、そのまま舞台上のその他の美術や演出に大きく関わってくる場合も多い。例えば超常的な必殺技の演出において、それが衣裳や髪型に関わっているというケースや、重く作ると俳優らに負担をかけてしまうが、軽く作り過ぎるとリアリティを損なってしまう場合など塩梅が難しいわけである。映劇ライブエンターテイメントではこの作業を〝コンセプティング〟と造語、大切にしている。

また演出家と原作元との調整もここから始まる。双方のこだわる部分が異なっている場合、どちらに寄せるべきか、いくつかの要素を提示、分析してプロデューサーから提案し、調整していく。この場合、最も重要なのは観客の反応の想定である。後でも触れるが、原作ファンと舞台ファンは必ずしも合致しない。これはマンガファンとアニメーションのファンが重層していることよりも、大きく異なっているといえる。

まず原作のファンはその世界観や物語のファンである。しかし舞台のファンは、ライブ感、歌唱、俳優の成長観察、時間と空間の共有という舞台ならではのメディア特性のファンであり、その次に優先される事項として原作が位置している。また前項群のなかには特定の俳優に対するファンというものも含めていいが、これは現在アニメーション産業とその市場で起きている「声優の声を聴くために視聴しているのか？　原作が好きだから二次作品としてのアニメーションを視聴しているのか？」というファンの嗜好性と心理を左右する重要な制作ポイントと同様ではある。しかし今のところ、二・五次元アニメライブの現場では「キャラクターと俳優がもともと持っている印象の齟齬」はあまり起きていない。これはＳＮＳを分析する限りでは、産業規模が小さいゆえにファン自身が作品を体験する機会を大切にしているためで、ファン領域間で摩擦があるというよりは、相互でコンテンツを支え合う意識を持っているためだといえる。また歌舞伎や映画のように「あの俳優があの役を演じる」という期待を持つ層も育っていることが挙げられる。

図表1は、二〇一七年に催された特定コンテンツのファンサービスイベント群（平均充足率三五%）におけるアンケートからの引用である。コアファンの参加するイベントということで、ファン心理の深層が表れている。ここから、作品に対する愛情の深さと共に、イベントにおける共感性とキャラクター（＝キャスト）に対する心理が見て取れる。

これらのリサーチデータなどからビジュアルへ反映させるべきポイントが抽出され、カラーリングやデザインモードも含めて撮影の方法論が策定

設問	回答
ご意見・ご感想をお聞かせください。	久しぶりにキャストの皆さん、そして作品に触れることが出来てすごく嬉しかったです。ならではのトーク、朗読は正にクリスマスプレゼントでした。企画ありがとうございました。
	続編を期待します。
	まだまだ続編や、年表を埋めるような過去編などたくさん観たいし知りたいです。舞台のメモリアルブック、写真集、DVDへのキャストさんのオーディオコメンタリー収録、舞台の全景映像収録を希望。
	サイン入り台本は追加いただいて無事買うことができたのでとてもありがたかったです。とても素晴らしいグッズだと思います。
	台本があるのはとても嬉しいです。イベントはとても楽しくて普段聞けない内容が聞けたのでよかった。
	とても楽しかったです。
	朗読劇も素晴らしかったです。音源化を切実に願います。
	とてもとても楽しかったです。キャストさんの生の声を聞けて、ますます作品への愛着が高まりました。
	またこのような機会がありましたら是非参加させていただきたいです。
	素敵なプレゼントをありがとうございました！
	イベント自体とても楽しく、朗読劇も予想以上に素敵なものだったので、取り扱いタイトルによってはぜひまた参加したいと思いました。

図表1：ファン意識調査抜粋（イベントアンケート例、2017年）

され、このタイミングでビジュアルプランは最終的に確定される。決定されたビジュアル上のポイントは物販やマーケティングに通底するコンセプトとなり、以降はブレないように遵守されていく。またスチル撮影当日に合わせてプロモーション動画も撮影するのなら、プロデューサーと動画ディレクターによるコンセプトに沿った画コンテの作成と検討もこのタイミングで行われる。

■スタッフィング・スケジューリング

カラーリングやデザインモードなど作品イメージの整理と同時に、キャメラマンと衣裳さらにポスターやチラシのためのデザイナー、作品ホームページのウェブデザイナーの候補出しとスタッフの検討も行われる。ビジュアル撮影ではキャメラマンだけでなく、撮影日までに衣裳が完成している必要があり、さらにヘアメイクも必要になる。作品のタイプやトレンド、さらに起用したキャストとの相性などから勘案し、スタッフを決め込んでいく。

同時に想定撮影日を設定し撮影スタジオを予約するのだが、複数いるキャスト全員の撮影スケジュールを合わせるための調整が難しい。通常は香盤《こうばん》（作品における出番スケジュール）を管理する演技事務と呼称されるスタッフがその任に当たる。通常、プロデューサーもしくはキャスティング担当は出演と出演料の交渉までである。キャスティング担当が演技事務を兼務することはある。

日程は各キャスト個別で一〇〇枚以上は撮影するため、一日で五~六人を撮影するとして最低二日程度は必要であるが、ブロマイド商品などではメインキャストの組み合わせ違い写真などが必要になるため、その香盤は組み合わせによって策定されていく。

■撮　影

ビジュアル・コンセプトやブロマイドなどの写真商品によってはメインキャストの集合写真が必要になるため、スケジュールが集中した撮影量の重い日も出てくる。組み合わせの発生するブロマイドや集合写真でも個別写真と同程度の量を撮影する。そのため当日のプロダクションマネージャーは、演技事務から指示される〝てっぱり〟と呼称されるスケジュール管理に現場で追われることになる。具体的には予定表通りに過不足なく撮影を進行させるべく、各パートに進捗状況を伝えて調整したり、遅れているパートをペースアップさせるべく圧力をかけたりと走り回るわけである。スタジオの営業開始と同時に撮影が開始できるように前日から準備を行い、俳優事務所にもキャストの入り時間と出の時間を堅守するよう伝える。スタジオでは俳優事務所の担当が付き添う場合もあるため、プロデューサーもしくは宣伝担当はこの場でマーケティング・コンセプトを伝え、ツイッターなどSNSや付帯イベントの内容説明などを行い、このタイミングで俳優へのマーケティング業務の依頼をする。

またここでは演出家や監修担当の原作元の立ち合いもあり、プロデューサーが音頭を取って作品の演出プランの伝達をキャストを含めた四者で行う。また初顔合わせのキャストや経験の浅いキャストの場合は、プロデューサーと演出家とで親しく話すことで距離を近くしていく。

さらに役者がそろって衣裳をつけているタイミングで動画撮影チームも入り、テレビコマーシャルやSNS動画サイト上でのプロモーション映像のための動画が撮影される。スチル写真が済んだキャストから順に個別の動画を撮影する。その種別は以下の通りである。

・コマーシャル・プロモーション映像（コンテなどが準備された映像演出的映像）
・インタビュー・コメント映像
・実際のキャストによる告知映像
・キャストによるカウントダウン映像
・メイキング映像

■素材セレクション

撮影済みの写真群をレタッチと呼ばれるデジタル補正作業に回す前に、プロデューサーや宣伝、商品担当で写真を選別する。先述の通り一ファイルの容量自体が巨大なＲＡＷと呼ばれる三原色に分解可能なフォーマットの写真データが一〇〇枚以上あり、アドビ社のBridgeというデータ一元管理ソフトを使って整理、撮影済データを同社のCamera Rawというソフトで描画（つまりデジタル上の現像）して大型ディスプレイに表示してレビュー、フォーカスや撮影ゴミなどのチェックを行い、もっともマーケティングパフォーマンスの高いであろう写真を選別していく。選別後、このタイミングで一度、原作元と俳優事務所には確認に回し、了解後にレタッチ作業に入っていく。

■レタッチ

ソフトはPhotoshopが一般的ではあるが、キャメラマンやレタッチャーによってはＲＡＷの加工には別のソフトを使用しているケースもある。通常はBridge（セレクト）→Camera Raw（描画・現像）→Photoshop（レタッチ）というのが使用ソフト上のデータの流れとなるが、各段階を個別のソフトで行うのではなく、セレクト・現像・レタッチの通貫作業を一本のソフトで行えるソフトもある。

レタッチには一定の法則というかモラルがあり、また俳優事務所によってもその要望が異なるため、レタッチ項目には事前の確認が必要である。具体的なポイントとしてはほくろやしわ、吹き出ものやそばかす、しみのようなものを消し、クリアでフラットな肌の質感に仕上げていく。そうすることで二次元の元キャラクターへ近づけていくわけである。また想定される完成ビジュアルのデザインモードも作品によってさまざまであるためレタッチのトーンもすべて一定ではなく、作品によってさまざまなレタッチの技法があると考えていい。

■デザインおよび動画編集

最も重要な作業といえるのがデザインである。ここで作り上げられたメインビジュアルが以降の宣伝においてだけでなく、商品を含めた作品のすべてのデザインの基幹イメージとなり、作品プロジェクト全体を牽引していく。作品の内容を事前に閲覧しにくい特性の舞台作品においては、このメインビジュアルが作品を伝えるすべてとなる。アニメやゲームが原作の場合、フラットで発色のいいトーンに仕上げることが原作イメージに近くなるとされている。しかし、作品の持つイメージをそのまま舞台へ移植するとむしろリアリティを損なうタイプの作品もあり、すべてが同じ法則でデザインされているわけではない。〝実在を感じさせる〟デザインになることがゴールであり、最も望ましい。むしろ〝原作に近づける作業〟が逆にリアリティを損なう作用もあることに気をつけなければならない。これは原作の厳しい監修下で製作された実写化映画が不入りになるのと似ている。

プロデューサーと宣伝ディレクターにとっては、このデザイナーの人選についても他のキー・スタッフのスタッフィングと同様にどれだけセレクタブルな状況を作れるかがそのまま作品成功の可否につながっており、常日頃からそのネットワークの拡大と新規人材の発掘と育成に余念がない。

またメインビジュアルがデザインされるのと同時に、宣伝周りの各種のデザインが派生していく。以下にメインビジュアル他が搭載される代表的なマーケティングメディアや商品を挙げる。さらに作品用のロゴなどもデザインされる。

・ポスター（B全＝一〇三〇×七二八ミリ、B2＝七二八×五一五ミリが中心）
・チラシ
・サイト
・サイトバナー各種

撮影済みの動画素材もPremiereやAftereffectなどの動画編集・加工ソフトで前出のコンテンツへと仕上げられる。メイキング映像はその後、ビデオグラムへ収録されていく。

さらに、パブリシティ媒体へ正確な情報を提供するために以下のデータ群をプレスキット（Press kit）

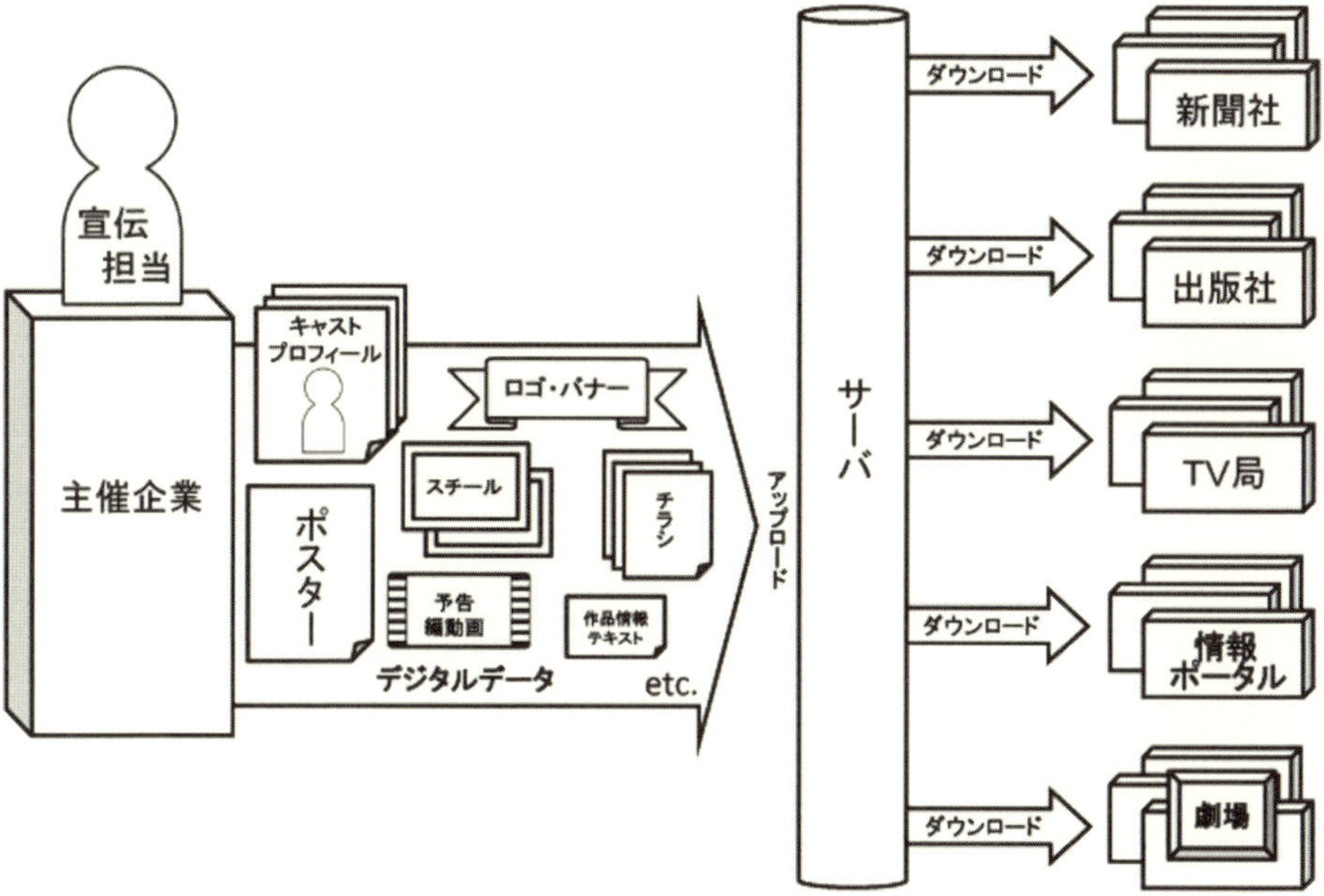

図表2：デジタルプレスキット伝達チャート

として一括、サーバに置くことによって取材各社が随意にダウンロードを可能にし、取材記事への円滑な情報提供を行っている。取材希望・掲載希望のメディアにはアドレスとダウンロードキーが配布される。

・ロゴ・バナー
・キャストビジュアル（装束写真・キャスト事務所提供のキャスト宣材写真）
・キャストプロフィール
・スタッフプロフィール
・原作詳目
・公演日程（〝星取表〟と呼称される）や劇場・チケットなど興行情報テキスト
・物販詳目
・プロモーション動画のサーバ（もしくはクローズのSNSサイト）のアドレス

■商品化

メインビジュアルやキャストの装束写真、ロゴはそのままもしくは一部加工・色の変更などして、販売される商品グッズにレイアウトされる。以下が主な劇場物販商品である。

・パンフレット
・ブロマイド（メイン、カップリング共に五種程度）
・キーホルダー
・缶バッジ（ブロマイドと同じ）
・クリアファイル

商品原価率は三〇パーセント程度であろう。

2．メディア（媒体）出稿

低減されたマーケティング費のなかから、出稿（費用を投じてメディアの広告枠へ、映像・画像などの作品情報を告知）することは困難である。それでも作品のメイン市場に確実にリーチすると予測される場合は、事業総体の予算計画のなかで当該メディアへの出稿費額が策定される。〝媒体予算〟とも呼称され、想定されるメディアはテレビ・新聞・雑誌・インターネットなどになるが、個人が携行し、最近は常にアクセスを意識される携帯電話やスマートフォンなどへの出稿が効果的と考えられており、ポータルサイトやアプリケーションなど、顧客の存在を予測できるジャンルへの出稿がやはり優先されている。

近年、新聞・出版など紙媒体の広告効果が大きく低下しており、コンテンツ自体が携帯ガジェットへと移行している現在、この傾向はより大きくなると予測される。

3．パブリシティ（報道・記事になるようＰＲする活動のこと）

パブリシティも同様にウェブなどネット上での拡散による周知がもっとも求められている。取材を中心としたパブリシティはエンターテイメント商品にとって主要なマーケティング領域であったが現在、この部分は大きく変質しているといえる。つまり現在では取材によってメディアへ情報が搭載されて拡散されるのではなく、ＳＮＳによる顧客自身の声がパブリシティになっているという現実である。

現行ではサイトの訪問者数やツイッターのリツイートなどＳＮＳでの反応を計量の基準として、①インフルエンサーと呼ばれる大きなネットワークを保有する個人や、②影響の大きい情報サイトへの取材記事の掲載を目指している。

①の場合は、パブリシストがＳＮＳなどにおいて告知情報を発信、さらにアカウントを活用してリツイートするなどして情報を重層的に循環させ、波状的に情報を拡散する運動が可能である。これはそもそもネット環境や個人のモバイル環境が整っていなかった二〇〇〇年代の映画のパブリシティなどには不可

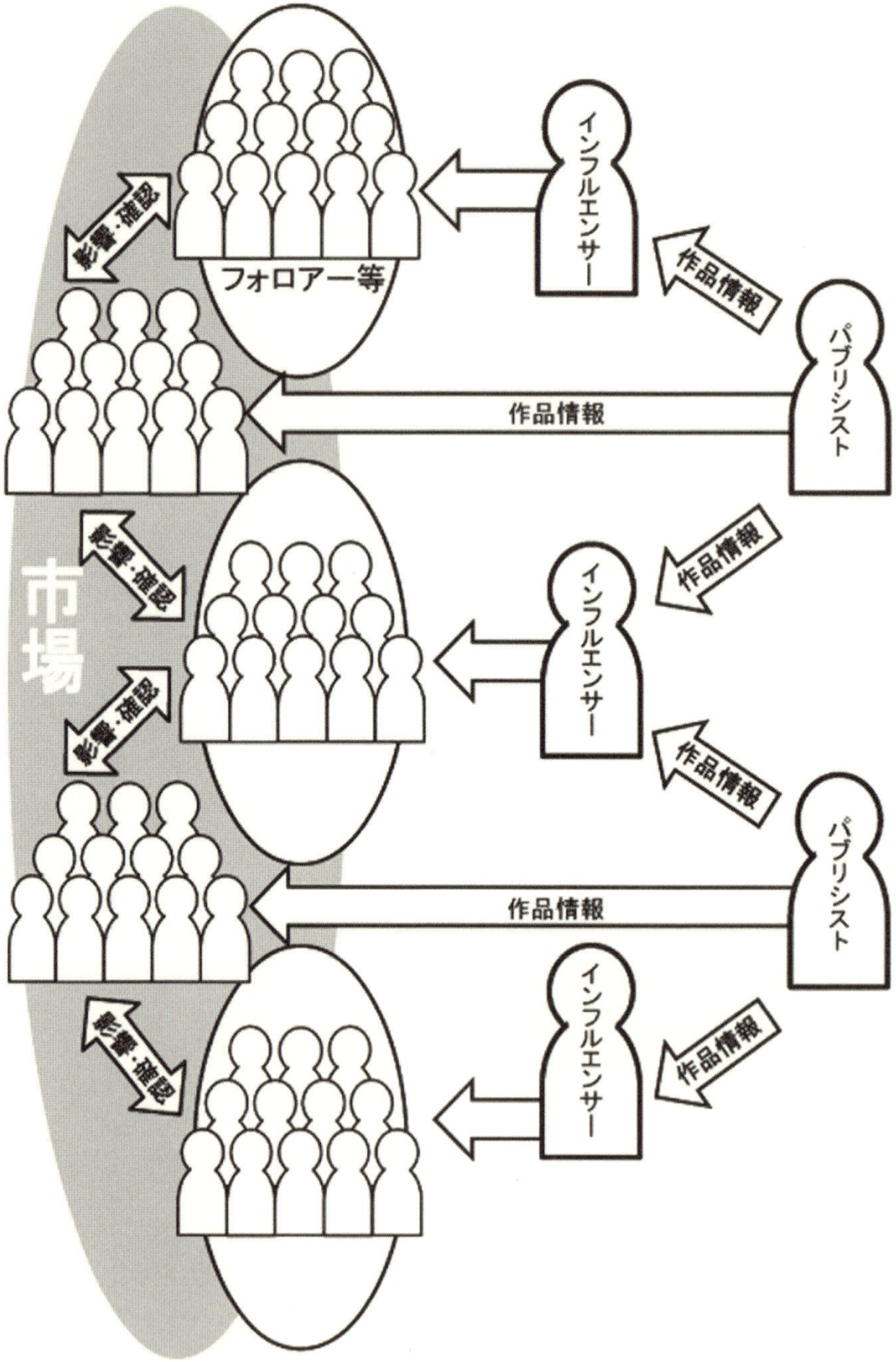

図表３：情報のリーチと循環の概念図

能だった方法論だ。口コミ効果がネットを動線とすることで効果的に、かつ確実にその情報を必要としている顧客に届くことになっている。現在、この方法が最も過不足なく、潜在的な顧客へも確実に作品情報が届くメカニズムなのだが、これは人海戦術的な要素も強くあり、従事スタッフ数の多さが有利に働く。

このネット上の〝公式口コミ〟はその情報源が大本営発表であるだけに、数ある複製情報や予断を含んだデマゴギー情報に対しては正当性を、古い情報に対しては新報性を持ち、またなんらかの事故が作品内に起こったり情報間違いがあったとしても、それを制限したり修整するネット上のロビイ機能も持っているため、宣伝側にとっては極めて有用性の高いツールとなっている。

それらの大きなマーケティング効果として〝速報性〟がある。これまでの紙媒体であれば雑誌なら三ヵ月前、新聞の文化面でも数日前が鉄則であったが、これらSNSは〝ナマ〟を伝える力を持つ。例えば当日興行の終了時に、作品やアフターイベントのレポートが自発的に上がったり、マーケティングスタッフからのコメントであったり、キャスト本人からのコメントであったりがSNSへ投稿されたりする。このことによってリアルタイムに興行の持つ温度や、ファンの熱度が即自的にファンへ伝えられ瞬発的なセールスへと結びついていくのだ。

今後、SNSに代わるツールが出てくるとした場合、その速報性と取捨選択の随意性においてこれを凌ぐものでなければならないが、この利便性はなかなかそう簡単には開発できるものではないだろう。

またパブリシティとして、雑誌や新聞、専門サイトからの取材を獲得することは当然のことであるが、現在、掲載側の取材や文章作成の練度は急速に低下しており、主催者側で作成した取材記事を提供することで情報発信をしているケースも増えた。これは当該コンテンツ領域だけのことではないが、ネットメディアの急速な肥大とその消費による異常なまでの事業高速化により、人的インフラの整備が追いついていないことを物語る。今後はいっそう一次情報の発信元側での優れたテキスト作成力や、情報管理力が問われることになるだろう。ゆとり教育以降の国語力の大きな低下は、さまざまな産業の現場で弊害を生んでいる。コミュニケーション力や目標獲得のための個人の知的資源は、これまでのそれと大きく変質しているといわざるをえない。

4. イベント

イベントは正規情報にいち早く触れることができ、さらに作品の組成要素であるキャストやスタッフと直接的にスキンシップができるという意味では、その情報開示の出来事自体がエンターテイメントであり、作品興行の前哨戦的な意味合いも持つ。またキャストの顔見世、事前紹介を行うことによって顧客の不安を取り除き、参加者に先行的なファンとなってもらうことを目的としている。参加する顧客は抽選で選ばれることがほとんどであって恣意的な選別は行っていないが、熱心なファンはあらゆる方法でエントリー数を増やして応募してくるため、結果的には熱心なファンが選別されて参加する形になってしまっている。

熱心なファンは参加したイベントの実況やその後の感想、期待などを二次情報としてSNSなどで発信をしてくれるため、その内容に好悪のリスクはあるものの、情報のリバレッジの場という意味ではかなり重要な活動となる。

またテキストにしえない、キャストとスタッフから湧出する雰囲気とでもいうべき作品の醸す〝空気感情報〟を、熱心なファン群はそのコミュニティや同世代などでしか通用しないようなネットスラングや自作イラストを使用するなど、さまざまな方法で他者や仲間へ伝えようとする。作品の顧客が最大のパブリシストとなるわけである。この意味で興行以前に作品の肌合いを伝えるためのイベントは極めて効果が大きいといえよう。特に「初舞台化」などのイニシャル作品の場合、原作ファンだけではなく舞台ファンにも新商品に対する不安はあり、それを払拭する試供品のような役割をイベントは持っている。

構成内容は以下のようなものがスタンダードである。

・司会挨拶および作品紹介（プロデューサーや主催スタッフが兼ねる場合が多い）
・俳優登壇、挨拶
・作品やキャラクターに対する俳優の考え方披露
・作品の部分的模擬演技もしくは脚本朗読
・ファンとの交流ゲームと景品プレゼント式
・イベントのみの撮影会や握手会（ハイタッチやハグの場合もある）
・再度興行情報とチケット情報の告知

原作元やキャスト所属事務所と協力し、クロスプロモーションを行う場としてもイベントは重要であり、既作・既存商品の再陳列の場としても機能する。今後はこのようなスキンシップを可能とする、ライブ的で直接的な機会がプロモーション上、重要となるのは間違いない。

5. タイアップ

タイアップやプロダクトプレイスメント（商品を劇中に使用することで商品の宣伝を行うシステム。対価として協賛金であったり、現物提供を受けたりと、主催者は商品元からのなんらかのサービスを獲得する）は、映画を中心にこれまでも行われてきたが、近年は舞台エンターテイメントでも多く採用されるようになっている。これまでは多くは衣裳・美術の類いであった。

■コラボレーション

特に〝消えもの〟と呼称される劇中での飲食物など、デイリーで消費される美術などは、劇場近隣の飲食店と提携して行われることがある。これを〝コラボレーションする〟といっており、飲食店内で提供される料理などに作品と関係するネーミングを行い、劇場付近一帯でマーケティングを行っていく。例えば「〇〇の愛したチョコレートパフェ」「〇〇色のカクテル」（〇〇はキャラクター名）などの期間限定商品を開発・製造し、興行に合わせたキャンペーン期間を設定して同店で販売するわけである。この場合、劇中美術とまったく同じ体裁の商品でもいい。そうすることで店舗の売上に貢献し、かつ店舗内での宣伝も可能にし、さらには消耗品である美術の提供も受けられるわけであり、双方にメリットのある宣伝コラボレーションとなる。また期間限定・販売場所限定のグッズを開発・製造し、告知に積極的な付近の当該店で商品を購入した際に特典としてプレゼント、チラシを同梱するなどの方法もあり、高希少性グッズに顧客が誘引されて店舗動員にも貢献することとなり、これも「主催⇕提携先店舗企業⇕顧客」と三方向に嬉しい宣伝である。

■試供品頒布

総客席数を日程から換算すると優に数千席となる。この席上に顧客特性から導かれた興行とは関係のない小売商品やサービスなどの情報を記載したチラシ、さらには試供品が配布されることになる。あるいは入場のタイミングで手渡されることとなり、〝入口での手渡し〟と〝席上配布〟は極めて対象精度の高いマーケティングフィールドとして機能する。

本書で採り上げたジャンルに対しては化粧品や服飾、食品など、そして類型コンテンツの商品告知や別興行の告知チラシなどが客席上に配布され、主催者は配布元に対して代理店的機能も持つこととなる。通常の映画館ではチラシはチラシ棚に整然と並べられており、〝取りにいく〟という行為が必要となるが、手渡しや席上配布はいわば顧客サービスであり、ホスピタリティの一環として顧客に受け取られることが利点である。実際、化粧品の試供品や劇場付近の飲食割引券などは極めて評判がよく、ラインナップ上のタイトルが特定劇場で固定的に興行される場合、この周辺サービスに対してもＳＮＳなどで事前期待の声も集まり、また興行を重ねた場合、実際に売上が増える傾向にあるという。

6. 劇場運営

興行劇場は基本的に他事業者であり、主催社と同体ではない場合が多い。かつての「①劇団（演出家・脚本家・俳優）→②主催→③劇場」の各セグメントが映画のように垂直統合されていた時代であれば、劇場が主催者のケースも多かったが、今日では歌舞伎や公立劇場、大型資本の演劇興行以外ではそれほど多くはない。①と②は同体が多いが、ほとんどの場合③は別であり、劇場はレンタルする必要がある。レンタルの場合、劇場運営スタッフがバンドルされて価格設定されていることもあるが、近年では②の主催者が直接、劇場運営を行うケースが多い。

この項ではその興行時の劇場運営の行程をレビューしたい。このパートのスタッフ業務を総称して〝アテンド業務〟といい、担当スタッフは〝アテンダ〟と呼ばれている。

■会場確認と配置策定

まず劇場事業者から事前に取得してある見取り図をスタッフ全員で確認し、現場入りした後に非常口など避難の誘導経路などを認識する。次に、出入口とそのモギリ担当、内扉・外扉の数と開閉の担当を決める。次にチケッティング・関係者受付・物販・ＤＶＤ予約・チラシ設置場所・クローク・プレゼント預り場所などのブースの位置を策定する。また、楽屋への動線も確認し、楽屋に近い場所を関係者（この場合、キャストの業界での取引先スタッフや個人的な知人を指す）との楽屋見舞いをする面会場所も決めておく。

またスタッフ間で情報の共有を徹底することを旨として、来場者から何をたずねられてもわかるようにしておくことが必要である。

■入場口アテンド（モギリ・チラシ配布）

1. 来場者からチケットを受け取る→日付、時間を確認
2. 問題なければ半券をモギる→半券は回収（半券はチケットの右側の小さいほう）
3. 半券の逆部分は来場者へ戻す
4. 当日、気にしておくべき券の属性は額面と席種（S席・A席など）ではなく、①当日券販売、②先行チケット引換、③関係者チケット引換、のいずれかということで、本日公演の券か、別公演のチケットではないかなども同時に確認する（読み上げながら確認を行う）
5. 入場者プレゼント（通称〝入プレ〟）を忘れずに渡す
6. 開演後、券種を分け、枚数を集計し、その日のうちに日報を確実に締めて報告する
7. チラシ配り→モギリよりも後ろに配置。来場者に束にしてあるセットを配布

※注意事項
・モギりにくい紙質もあるため破ってしまわないように注意
・半券は集計に必要なためになくさないように注意
・日付と時間が違う場合、来場者に確認のうえ、事故の場合はフロアマネージャーへ報告し、チケット

担当へ誘導して手当てする。同日・同時間・同席番号の二重発行の事故ではないことを確認。二重発行の場合は同程度の別の席を案内

※注意事項
・渡す際、チラシをまとめている業者やアンケート紙が上面になるように差し出す
・必ず来場者に差し出す（渡されていないという来場者がいないようにする）
・「いらない」という来場者には無理に渡さない
・入場者の勢いを見て列整備に回るなど、柔軟に対応する
・随時、チラシの部数を確認し、足りなければ補充する

■会場案内・座席案内
1. アテンダは来場者をさえぎらないように定位置を決めて立ち、場内案内（トイレなど）をする
2. 手が空きやすいので、必要に応じてチケットや物販の列整備など他パートを手伝う
3. 来場者の足元を照らせるようにペンライトを必ずひとり一本を所持しておく
4. 客席に入ってからは、他の来場者の視界をさえぎらないように低い姿勢で移動する
5. 上演前に数名の来場者が迷っていそうだったら席を確認して案内する
6. 上演中に遅刻して来場してきた場合、シーン転換時などに案内する
①客席に入る前のロビーで、来場者に座席表で当人の席位置を示しておく

②ライトでお客様の足元を照らしながら座席横の通路まで案内する
③来場者が席列に入ると同時にライトを消し、着席を確認してロビーへ戻る
7．必要に応じて特典は公演後でも交換できることも告知しておく

※注意事項
・事前に客席の作り、座席の並びを覚えておく
・来場者からの質問に答えられない場合や判断できない場合は、必ずパート責任者に確認する。その際、来場者から離れてしまうとき、ていねいに「ただいま確認してまいります。少々お待ちください」などと言い残し、その場を離れる
・ペンライトは決して来場者や舞台の方向へ向けてはいけない
・座席への案内の終了後は、急ぐよりも静かに邪魔にならないように戻る
・暗転中などの客止めが必要な演出のタイミングでは、会場内に入らないようにする
・場内では声を発さず、足音をたてず、走らないようにする

■プレゼント預かり
1．誰宛のプレゼントであるかと持参者本人の記名があるかを確認し、ない場合は持参者に確認してアテンダが書くが、「なかに書いてある」「大丈夫」などと言われた場合は無理に聞かない
2．食べものではないかを確認。特に生もの（手作り）は絶対に受け取らない。キャストの家族・関係

者からの飲食物は受け取るが、なるべく面会時に直接渡してもらうように依頼する

3. 割れものなど、特殊なプレゼントはわかるように付箋を貼るなどしておく

4. プレゼント持参者や来場者の前で床に直接置くことなどはしない

5. キャストごとにプレゼントを仕分けしておき、上演中に楽屋へ届ける

■関係者受付

1. 一般の入場口ではなく、関係者受付でやりとりするよう案内する

2. 面会場所まで距離があったりわかりにくかったりする場合は、各地点にスタッフを配置

3. 面会場所入口では誰宛の面会なのか、関係者本人の名前を確認して制作スタッフに伝え、キャストを呼んでもらう。この時、付箋などに書いて渡すとわかりやすい

4. 事前にキャストから面会来場者のリストを渡してもらい、面会希望者の名前があれば通すが、リストにない場合はプロダクションマネージャー（制作）からキャスト本人に伝え、可否を確認する

5. 関係者が退場する際は出口まで案内する

※注意事項

・他の関係者集団に交ざって楽屋口に入ろうとする人もいるので注意

■半券集計

1．プレイガイド（発券事業者）ごとに仕分け、数を集計（ローソンチケット・ぴあ・eプラス・カンフェティ・当日券など）
2．全日程の終了と同時にデイリー集計を合算し、総興行収入（興収）と各プレイガイドの手数料合計を計算し、差し引いた興行における営業利益の算出する（図表4参照）

■チケッティング

1．①当日券販売／②先行チケット引換／③関係者チケット引換が主業務となる
2．チケットに売切が出た場合、急いでロビーにいる来場者へ実声で案内し、スタッフ間でも情報を共有する
3．チケット引換・会場受け渡しの場合、以下の販売窓口別属性がある
①先行販売で購入
②主催者サイト通販で購入
③ファンクラブ先行で購入
4．関係者購入・招待の場合は以下のような工程で引き換える（購入と招待は別であることに注意）

	初日 19時	2日目 14時	2日目 19時	3日目 14時	3日目 19時	4日目 12時	4日目 17時	5日目 12時	5日目 17時
ローソン	283	262	172	193	177	299	261	282	277
ぴあ	34	73	126	103	136	40	50	45	58
CNプレイガイド	8	2	6	2	7	17	10	21	21
セブン	11	10	27	50	45	20	19	12	11
e＋	23	14	42	26	37	2	13	1	1
当日	7	1	9	8	11	3	14	11	15
サンライズ	8	0	12	0	0	0	0	7	11
合計	374	362	394	382	413	381	367	379	394

図表4：チケット集計表例

①写真付証明書などで名前を確認して引き換える
②チケットが見つからない場合は招待者リストも確認する
③購入の場合：席種を確認→支払→チケットを渡す
④招待の場合：招待者リストで名前を確認後にチケットを渡す
5．劇場窓口販売される券種にはキャラクター名や作品世界観に即した席名をつけて販売するケースがある
6．プレイガイドでは開演一時間前まで販売される

※注意事項
・各リストと来場者とで情報などに齟齬がある場合は確認し、状況に応じ対応する
・来場者への告知はロビー全域に届くように大きな声で行う
・集計・小口金の確認時、必ず電卓で行い検算も行う。暗算は禁止（物販も同様）
・販売額・枚数などは当日中に確実に締めて報告する

■物販（グッズ販売）
1．開演前と開演後に販売する（開演中は販売しない）
2．売上と個数確認を確実に行い、当日中に締めた日報を提出
3．伝票管理を正確に行う（小計欄なども必ず記入）

4．売切れた商品を実声で告知し、再入荷がいつになるかなどの案内を行う（紙で貼り出すことも同時に行う）

5．劇場限定商品である「ガチャガチャブロマイド」（本書二〇八ページ参照）の場合、来場者一人につき一会計五個までを上限にする

※注意事項

・硬貨・札など小口現金の両替を事前に行っておく

■ファンクラブ入会・ビデオグラム予約

1．入会特典を告知し、実声で呼びかける

2．ビデオグラム予約の受付の場合は、①支払額全額支払、②内金として一〇〇〇円支払のどちらかを選んでもらい、予約票の記入後、捺印済の控えを渡す

■特典（作品来場者特典・リピーター特典）の引換

1．券面を確認し、来場者の合意のうえで（チケットを汚したくない来場者もいる）券裏に引換証明印を押し、該当特典を渡す

2．リピーター特典の場合、使用済券が他者から譲渡されていないかを確認する

■クローク

1. 基本的に預かる荷物は客席に持ち込むのが困難なサイズのもののみであり、上着、傘など観劇の妨げとならないものは原則的には預からない
2. 来場者の名前と席番号を確認し、付箋に書いて荷物に貼っておく
3. アフターイベント（本公演後のカーテンコール的出しもの）の終了三〇分後までに取りに来るよう来場者には依頼しておく
4. マチネ（昼公演）とソワレ（夜公演）の両方を観劇する来場者の場合、続けて預かる

■介錯（キャストが客席扉から入る演出がある場合、アテンダが扉の開閉を行う場合があり、これを〝介錯〟という）

1. 事前に舞台監督もしくは演出家からの要請を受け、タイミングを確認しておく
2. ゲネプロ時にタイミングおよび作業が必要な時刻を確認しておき、台本でもチェックをしておく
3. 介錯時に遅刻来場者を入れる必要がある場合、客止めを行ったうえ、その解除後に座席へ案内する

※注意事項

・介錯の時刻をスタッフ同士で忘れずに声をかけ試合、忘れないように注意する

■忘れもの管理

1. 最終的にどこで保管・管理をするのか事前に確定し、スタッフ内で周知しておく
2. 忘れものを発見した場合、「品名」「特徴（色など）」「いつ」「どこで見つけたのか」をメモ
3. 終演後、退場口付近で告知し、呼びかける
4. 同日に落とし主が見つからなかった場合、まとめて保管しておき、オフィスや劇場への問い合わせがあった場合に対応できるようにしておく

■祝花の対応

1. 必ず納品書を受け取り、花屋の連絡先を控えておく
2. 個人宛の花の場合、誰宛なのかと誰から贈られたものかを確認しておく
3. スタンド花の場合、納品時に引き取りの有無を確認しておく

■場内清掃

1. 終演後、落しものはないかなどを確認しながら清掃を行う
2. 劇場カーペットは暗色が多く、白いゴミなどは目立つため注意する

※注意事項
・たたんだ座席に引っかかっている忘れものもあるので気を付ける
・劇場ごとに清掃のルールやゴミの処分方法は異なる

ホール運営　持ち物リスト②

☑	特典/DVD&FC	数	備考
	金庫(缶)	1	
	予約用紙	100	
	鉛筆ケース	2	
	FC入会用紙	10	
	ハンコ(済)	–	大、小 (特典に応じて変更)
	ハンコ(映劇)	–	特典に応じて使用
	インク台(赤、黒2)	2	
	定規	1	申込用紙切断用

☑	プレゼント/クローク	数	備考
	組立プラケース(大)	1	
	付箋(中)	1	宛先記入用
	ボールペン	1	
	マスキングテープ	2〜3	

☑	各自持ち物	数	備考
	電卓	–	
	フリクション	–	
	付箋	–	大、小

☑	全体2(大切なもの)	数	備考
	元金	–	
	角印	1	朱肉
	wifi	–	研究室
	充電アダプタ	2	iPad充電用

☑	全体	数	備考
	インカム	3	
	POP	–	適宜用意
	スタッフパス	–	パス確認
	コピー用紙	適宜	
	コピー機	1	
	茶封筒	20	大、小それぞれ
	売り上げ封筒	たくさん	
	文具箱	1	
	ボールペン	–	
	マジック	–	太、細それぞれ
	はさみ	1	
	のり	1	
	ホチキス	1	
	ホチキス芯	2	
	輪ゴム	1	
	セロハンテープ	1	
	ガムテ	2	
	養生テープ	3	
	ビニル紐	1	
	救急箱(赤)	1	
	ポリ袋	複数	
	汚物入れ	4	
	ティッシュ	1	
	かご(小)	3	
	チラシ	適宜	
	ポスター	–	張りパネ
	イーゼル	1	
	パネル	2	
	抽選BOX	3	アフター等で使用
	スケッチブック	–	アフター等で使用
	黒幕	2〜3	物販隠し等

図表5：持ち出しリスト

ホール運営　持ち物リスト①

☑	チケット	数	備考
	金庫	1	
	ミニレジ	1	合計2つ
	レジ皿	2	
	iPad	1	合計2つ
	カードリーダー	1	合計2つ
	領収書	1	物販と併用
	インク台（青）	2	
	ハンコ（御招待）	2	
	ハンコ（フクロウ）	1	学割がある場合
	ハンコ(オトメライブ)	1	セット割引がある場合
	輪ゴム	たくさん	
	クリップ	たくさん	
	ミミ入れの袋	たくさん	
	座席表(ラミネート)	2	A4
	残席早見表(ラミネー	2	
	関係者リスト	2	毎日更新
	配券表	3	マスター1、販売用2
	缶	?	
	コインケース	-	100,500用

☑	物販	数	備考
	ミニレジ	1	合計2つ
	レジ皿	2～3	
	バインダー(細長)	2～3	
	iPad	1	合計2つ
	カードリーダー	1	合計2つ
	カゴ（仕切り有）	1	
	カゴ（白）	複数	
	物販管理票	-	適宜枚数用意
	物販見本シート	4	

☑	ガチャ	数	備考
	ガチャ本体	2	
	ガチャカプセル	たくさん	
	500円コインケース	4	
	ガチャ見本シート	2	
	金庫（缶）	1	
	ガチャ管理表	たくさん	毎日必要
	カゴ（仕切り有）	1	

☑	もぎり/面会	数	チェック
	ウエストポーチ	1	
	クリップボード	2	

☑	客席案内	数	備考
	ライト	10	電池があるか
	座席表	30	A4半分

☑	チラシ	数	備考
	かご大（黄緑、薄青	2	
	かご小（ピンク）	1	
	ビニル袋		

☑	資料	数	備考
	マニュアル	人数分	

■アフターイベントレポート

1．マーケティング担当・当日当番のスタッフが、当日の公演の出来事やキャストのナマ情報など、ファンと同じ高さの目線でＳＮＳへ投稿し、来場できないファンへサービスをする

2．速報性が重要なので、担当は終演と同時にレポートを作成する

※注意事項

・舞台上の失敗や機械ミスなどをクローズアップしないよう、ネガティヴな情報にならない点に気を付ける必要がある

初日(水)　GP(ゲネプロ)＆初日

※スタンド花（祝花）が届きます。
・受け取り時に必ず引き取りの依頼をして下さい
花の引き取り日時：楽日17:00~18:00
・必ず花屋の連絡先を確認すること

10:00	劇場集合・準備開始・物販在庫確認
12:00	GP関係者・媒体受付開始
15:00～17:00	ゲネプロ
17:00～18:00	個別取材開始
隙間時間	MD写真
17:45	申し送り開始
18:00	ロビー開場
18:30	客席開場
19:00～21:00	上演(初日挨拶含)
21:30	ロビー閉場
21:50	完全退館

1

図表6：劇場スケジュール例

2日目(木)

10:00～ 11:00	劇場集合・準備開始
11:45	申し送り開始
12:00	ロビー開場
12:30	客席開場
13:00～ 15:10	上演(アフターイベント含)
15:50	ロビー閉場
締め作業・準備・休憩	
17:45	申し送り開始
18:00	ロビー開場
18:30	客席開場
19:00～ 21:00	上演
21:30	ロビー閉場
21:50	完全退館

3日目(金)

10:00～11:00	劇場集合・準備開始
11:45	申し送り開始
12:00	ロビー開場
12:30	客席開場
13:00～ 15:10	上演(アフターイベント含)
15:50	ロビー閉場
16:00～ 17:00	DVDコメント動画撮影
締め作業・準備・休憩	
17:45	申し送り開始
18:00	ロビー開場
18:30	客席開場
19:00～ 21:00	上演
21:30	ロビー閉場
21:50	完全退館

4日目(土)

10:30～ 11:00	劇場集合・準備開始
11:45	申し送り開始
12:00	ロビー開場
12:30	客席開場
13:00～ 15:00	上演
15:50	ロビー閉場
締め作業・準備・休憩	
16:45	申し送り開始
17:00	ロビー開場
17:30	客席開場
18:00～ 20:00	上演
20:50	ロビー閉場
21:50	完全退館

5日目(日)千秋楽

10:00	劇場集合・準備開始
11:15	申し送り開始
11:30	ロビー開場
12:00	客席開場
12:30～ 14:30	上演
15:15	ロビー閉場
※昼公演と夜公演の合間がないため締め作業は行いません。 準備等気を付けてください	
15:15	申し送り開始
15:30	ロビー開場
16:00	客席開場
16:30～ 18:45	上演(千秋楽挨拶含)
①スタンド花（祝花）の引き取りがあります **お花の引き取り日時：20(日)17:00~18:00** ※17:40の時点で来ていない花屋には問い合わせてください。 ②男性スタッフは撤収のため、準備をして下さい(着替え等)	
19:20	ロビー閉場
～	撤収作業
21:50	完全退館

第六章　コンテンツの未来像

1. コンテンツの未来像

■収録型メディアの限界性

コンテンツビジネスのポートフォリオの大きな欠損は、ビデオグラムという収録型メディア売上の低下によって起きた。デジタルという魔法のような世界の到来に、その市場の破壊を予期できず、安易にＤＶＤのような低価格メディアを発売してしまったがため、あっという間にポートフォリオは崩壊してしまった。販売個数はそのままだったとしても、単価が低ければ売り上げは落ちる。そんなことはわかりきったことだった。

筆者が感じるのは、「どうせビデオメーカーだけが困るのだ」「われわれの会社には関係ない」という、業界の人の無責任な姿勢である。原作者も制作者も権利商品販売のそれぞれの窓口事業者も、すべてが連環して相互的で協力し合わねば生き残れないはずなのに、自身の利益のみを獲得しても、協業者やスタッフにリスクを押し付ける人々は存在する。

その一方で確かに、〝自宅にアーカイヴする〟という習慣は国民の感覚から減退してしまった。理由はスペースであり、価格であり、随意性だ。グーグル社がメールシステムをローカルから巨大サーバへ移したことでその利便性を実現したのと同様、ＤＶＤなどの収録された商品に対する購入意欲は大きく低下した。自身のＰＣのハードディスク容量を削らずとも、いつでもホームページにアクセスして視聴でき、さらにお茶の間や通勤・通学の間、寝るまでの一時に自分だけの視聴空間を獲得できる幸福が、最終的に映像回収のポートフォリオを破壊したのだ。われわれは専門家やマニアでない限り、パッケージソフトを購入して棚に置いたり愛蔵したり、素晴らしさを伝えるために友人に貸し出すこともしなくなってしまった。人類共通の本棚をネットのなかに創り出してしまったわけである。[1]

■同時性の価値

実はその登場時、「一回性」「同時性」の高いコンテンツこそが映画やテレビだった。映画は入場料を支払って見知らぬ多くの人たちと時間と空間を共有して楽しみ、テレビはオンエアのタイミングでブラウン管の前にいなければ二度と観ることができない可能性が高かった。事実上のライブエンターテイメントだったわけだ。ところが家庭用の録画装置が普及して以来、その価値は年ごとに低下していったといえる。タイムシフト[2]の概念は興行や放映に縛られていたわれわれを開放し、さらなる余暇の享受へとライ

2003年	1006
2004年	1545
2005年	1146
2006年	1220
2007年	1416
2008年	1194
2009年	1398
2010年	1305
2011年	1705
2012年	1797
2013年	1729
2014年	2387
2015年	2072
2016年	2050

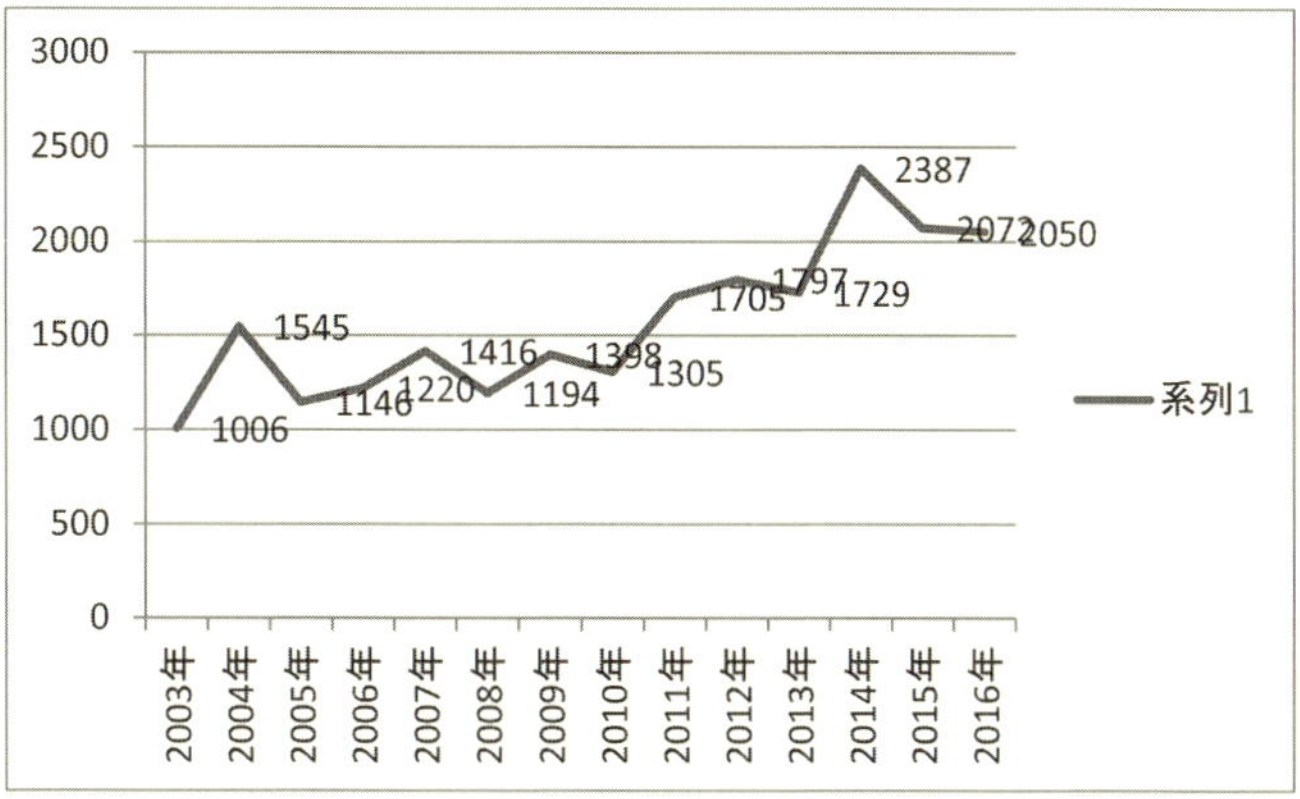

図表１：海外アーティスト来日公演数推移（一般社団法人コンサートプロモーターズ協会の資料より作成〈http://www.acpc.or.jp/marketing/kiso.php〉）

フスタイルを変化させたのだった。それがバブル期である。もちろんライブエンターテイメントそのものも伸長し、プロサッカーリーグが組成されてスポーツ観戦の人口は飛躍的に拡大し[3]、洋楽アーティストの来日興行も増えた（図表1）。しかし結果的に、映画とテレビの「一回性」「同時性」は失われてしまった。

そして経済や政治、国際関係や教育思想の移り変わりなど、社会のさまざまな脈流を受け、歴史の結果として辿り着いた現在の不況期にあって、われわれはその欲求を再燃させる。特に本書で採り上げる「二・五次元／アニメライブ」は〝本来は存在しないものを実態化させる〟〝触れられるはずのなかったものに触れることができる〟というコンセプトにより、空想の世界の住人であったアニメーションやゲームのファンを一気に流入させ、劇場へと足を運ばせるに至った。それは同時に映像コンテンツの限界でもあり、「体感はなにものにも替えがたい」という生体としての感覚をわれわれに蘇らせた。

舞台芸能が特に好きではない人であっても、群舞を美しいと感じ、いつか聞いた歌を俳優と観客とで合唱すると胸がいっぱいになり、初舞台の俳優の拙さが回を追うごとに上達していくさまにエールを送りたくなる——それが人の心である。本書で豊が語る、「アニメライブの観客は原作やアニメーションのファンが、アニメーションを楽しむ延長として来場しているわけではない。すでに〝アニメライブのファン層〟やその楽しみ方が確立されていて、その層に牽引される形で原作ファン層やアニメーションのファン層からの動員が合流している」「自宅で録画メディアを観るのでは飽きたらず、その時間と空間で観客が一体となることを体感するために来場している」というのは、「二・五次元／アニメライブ」が原作を中心とした作品群のなかでも特に〝同時性〟が先鋭化されたプラットフォームであることの証左であり、けだし観客に寄り添い続けた製作者にしか感じえない実感であろう。

ライブエンターテイメントは、ＣＧには感じることのない汗と血と多くの人々の労働を感じさせる。無論、ＣＧにも実際には多くの人の手がかかっているのだが、それが美しく仕上がれば仕上がるほど、むしろ反比例してそこに労力を感じられなくなる。大ヒット作品を多数持つ映画監督のクリストファー・ノーランがＣＧを厭う理由[4]もそこにあるだろう。

「一回性」「同時性」には、原初的で強烈なカタルシスが存在するのだ。この結果、第一章で紹介したように「同時性」の価値は高騰し始める。

■現在の二・五次元コンテンツ、アニメライブの姿

二・五次元コンテンツ、アニメライブは極めてイベント性が高い。この場合のイベント性とは観客が「参加」できるということである。映画やテレビ、

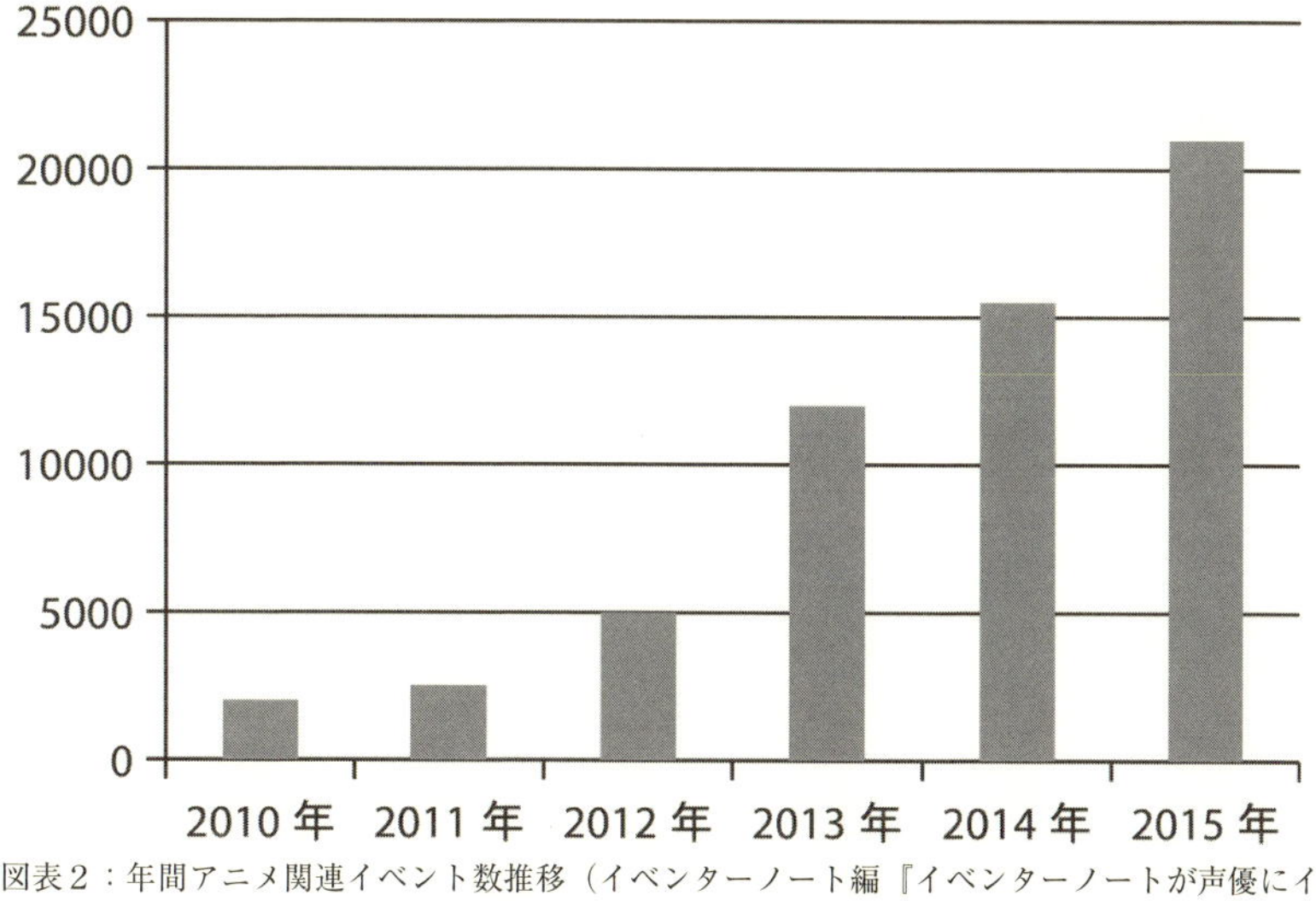

図表２：年間アニメ関連イベント数推移（イベンターノート編『イベンターノートが声優にインタビューしてみました【新版】データと生の声で探る声優イベントの世界』〈2016年、インプレスＲ＆Ｄ〉を参照にグラフを作成）

年	作品名	映画公開日・イベント開催日	年間本数
2014年	THE IDOLM@STER MOVIE 輝きの向こう側へ！	1月25日	5
	劇場版　プリティーリズム・オールスターセレクション　プリズムショー　ベストテン	3月8日	
	アナと雪の女王	3月14日（日本）	
	THE IDOLM@STER MOVIE 輝きの向こう側へ！VideoM@ster版	9月19日	
	劇場版アイカツ！	12月13日	
2015年	アイカツ！LIVE☆イリュージョン　スペシャル上映会	2月21日	5
	劇場版プリパラ　み～んなあつまれ！プリズム☆ツアーズ	3月7日	
	ラブライブ！The School Idol Movie	6月13日	
	アイカツ！ミュージックアワード　みんなで賞をもらっちゃいまSHOW!	8月22日	
	とびだすプリパラ　み～んなでめざせ！アイドル　グランプリ	10月24日	
2016年	KING OF PRISM by PrettyRhythm	1月16日	12
	プリパラ み～んなのあこがれ♪レッツゴー☆プリパリ	3月12日	
	名探偵コナン 純黒の悪夢	4月16日	
	遊☆戯☆王 THE DARK SIDE OF DIMENSIONS	4月23日	
	貞子vs伽椰子	6月18日	
	HiGH & LOW THE MOVIE	7月16日	
	シン・ゴジラ	7月19日	
	劇場版アイカツスターズ！	8月13日	
	君の名は。	8月26日	
	映画　魔法つかいプリキュア！ 奇跡の変身！キュアモフルン！	10月29日	
	シネマ歌舞伎『スーパー歌舞伎II（セカンド） ワンピース』	10月22日	
	ポッピンQ	12月23日	
2017年	「FOR REAL—ベイスターズ、クライマックスへの真実。—」	1月14日	23
	映画プリキュアドリームスターズ！	3月18日	
	劇場版プリパラ み～んなでかがやけ！キラリン☆スターライブ！	3月4日	
	劇場版　黒子のバスケ　LAST GAME劇場版　黒子のバスケ　LAST GAME	3月18日	
	名探偵コナン から紅の恋歌名探偵コナン から紅の恋歌	4月15日	
	帝一の國	4月29日	
	無限の住人	4月29日	
	ラスト・コップ	5月3日	
	ピーチガール	5月20日	
	KING OF PRISM -PRIDE the HERO-	6月10日	
	劇場版 ウルトラマンオーブ	6月11日	
	兄に愛されすぎて困ってます	6月30日	
	劇場版『美少女戦士セーラームーン R』	6月30日～7月2日	
	忍びの國	7月1日	
	劇場版 Free!-Timeless Medley- 約束	7月1日	
	銀魂	7月14日	
	魔法少女リリカルなのは Reflection	7月22日	
	ジョジョの奇妙な冒険　ダイヤモンドは砕けない　第一章	8月4日	
	HiGH&LOW THE MOVIE 2 / END OF SKY	8月19日	
	映画「関西ジャニーズJr.のお笑いスター誕生！」	8月26日	
	関ケ原	8月26日	
	美男高校地球防衛部LOVE！LOVE！LOVE！	8月26日	
	"「弱虫ペダル Re:RIDE」「弱虫ペダル Re:ROAD」「弱虫ペダル Re:GENERATION」三作品連続上映"	10月17日	

図表3：年間応援上映数

そして出版も基本的には発信者の一方的な送出になってしまう。しかし同コンテンツ群は、観客に働きかけるような演出もなしえており、その結果として観客は単なる〝観劇〟ではなく〝参加〟する意識を強くする。この「同時性」に担保された「参加性」は、実はその他のメディア中にもひとつの派生領域として見られるようになった（図表2）。

映画では「応援上映」と呼ばれる、観客が客席から銀幕へと一方的に声援を投げかけるというスタイルの楽しみ方が増えている[5]（二〇一六年は一二件、二〇一七年九月現在は二三件と倍増している）。アニメーションのパッケージなどの販売イベントでも声優が登壇し、握手やゲームを行うなどの観客と交歓型ライブイベントが増加した（図表3）。

単なる体感ではなく、参加することで「共にコンテンツを創り上げている」という感覚は〝遊ぶ〟というエンターテイメントの原型であり、揺るぎない原感覚ではないだろうか。

2. 広がるエンターテイメントとしての可能性

本書で大場が語る、「ライブにエンターテイメントとしての次の姿がある」（本書五二ページ）という考え方は正しい。ただし映像コンテンツが培ってきた伝統的なソリューションや既存労働層は、恐らくは俳優や声優、楽曲の類い以外はそこへシフトしにくいだろう。無論、プロジェクターでオープニングムービーを映し出したり、魔法や衝撃波などの再現をＣＧやアニメーションで行ったりすることはあっても、それが映像の技術を継承したとまでは言えない。映画のような芸術や動画ＳＮＳのようなプラットフォー

53	舞台「戦国無双」～四国遠征の章～
54	ミュージカル『忍たま乱太郎』第7弾再演 ～水軍砦三つ巴の戦い』
55	『戦国BASARA4 皇』本能寺の変
56	『ペルソナ4 ジ・アルティマックス ウルトラスープレックスホールド』
57	逆転検事
58	舞台『K-Lost Small World-』
59	舞台「悪の華」
60	ROCK MUSICAL BLEACH～もう一つの地上～
61	ライブ・スペクタクル『NARUTO』
62	『ドラゴンクエスト　ライブスペクタクルツアー』
63	黒蝶のサイケデリカ
64	舞台「青の祓魔師　京都紅蓮編」
65	超歌劇『幕末Rock 黒船来航』
66	舞台「のぶニャがの野望」番外公演「ねこ軍議～飼い猫はどいつニャ？～」
67	王家の紋章
68	LIVE ACT「BLAZBLUE ～CONTINUUM SHIFT～」
69	ミュージカル『薄桜鬼』HAKU-MYU LIVE 2
70	城下町のダンデライオン
71	『ダイヤのA the LIVEⅢ』
72	せたがやこどもプロジェクト2016　キッズ・ミュージカル「ワンサくん」
73	舞台「ホイッスル！」
74	ミュージカル『テニスの王子様』青学vs氷帝
75	ガラスの仮面
76	インフェルノ
77	不機嫌なモノノケ庵
78	舞台「アルカナ・ファミリア2 －23枚目のタロッコ－」
79	ReLIFE
80	ミュージカル『刀剣乱舞』～幕末天狼傳～
81	金色のコルダ Blue♪Sky
82	舞台「弱虫ペダル」～箱根学園新世代、始動～
83	『ミュージカル バイオハザード ～ヴォイス・オブ・ガイア～』
84	おそ松さん on STAGE～SIX MEN'S SHOW TIME～
85	ミュージカル「美少女戦士セーラームーン」
86	TCアルププロジェクト「人間ども集まれ！」
87	磯部磯兵衛物語～浮世はつらいよ～　天晴版
88	舞台「炎の蜃気楼昭和編」
89	「ツキステ。」第二幕　～月歌奇譚「夢見草」～
90	ハイパープロジェクション演劇「ハイキュー‼」“烏野、復活”
91	魔劇「今日からマ王！」～魔王暴走編～
92	『青春-AOHARU-鉄道』2 ～信越地方よりアイをこめて～
93	舞台『地獄少女』
94	ミュージカル「ヘタリア～The Great World～」
95	ミュージカル「黒執事」～NOAH'S ARK CIRCUS～
96	ミュージカル『八犬伝―東方八犬異聞―』二章
97	「パタリロ」
98	舞台『チア男子』
99	舞台「プリンス・オブ・ストライド」
100	オトメライブ「猛獣使いと王子様」
101	舞台『刀剣乱舞』（再演）
102	「JYUKAI-DEN-KINGS」
103	君死ニタマフ事ナカレ
104	ミュージカル「Dance with Devils　～D.C.～」
105	ミュージカル テニスの王子様 青学VS六角

図表４：2016年年間舞台本数と初演舞台表（アミのものは初演作品、公野研究室調べ）

	タイトル
1	ミュージカル『薄桜鬼』新選組奇譚
2	舞台「カードファイト‼ ヴァンガード」～バーチャル・ステージ～
3	『花より男子　The Musical』
4	ミュージカル『忍たま乱太郎』第七弾 水軍砦三つ巴の戦い
5	真夜中の弥二さん喜多さん
6	ミュージカル『テニスの王子様』3rdシーズン 青学（せいがく）vs山吹
7	『ハートの国のアリス～The Best Revival～』
8	「神様はじめました THE MUSICAL♪2016」
9	舞台「D.M.L.C.-デスマッチラブコメ-」
10	戦国BASARA 4 皇
11	舞台『アルカナ・ファミリア Valentino』
12	舞台「ノラガミ」
13	舞台『私のホストちゃん THE FINAL
14	漂流劇 ひょっこりひょうたん島
15	オトメステージ Vol.3『マフィアモーレ☆』
16	『舞台 オシリスの天秤 THE ORIGIN「DONOR HUNT」』
17	「ホテル・カルフォリニア～HOTEL CALFORINIA～」
18	「終わりのセラフ」The Musical
19	ライブミュージカル「プリパラ」み～んなにとどけ！プリズム☆ボイス
20	「SHOW BY ROCK‼ MUSICAL ～唄え家畜共ッ！深紅色の墜天革命黙示録ッ‼」
21	GOKU
22	『るろうに剣心 －明治剣客浪漫譚－』
23	舞台「弱虫ペダル」総北新世代、始動
24	スーパー歌舞伎セカンド・ワンピース（歌舞伎）
25	残響のテロル
26	サイコメ；ステージ
27	「ダイヤのA」 The LIVE 2
28	ミュージカル『テニスの王子様』TEAM Live St.RUDOLPH・YAMABUKI
29	舞台『てーきゅう』 ～先輩とめぐりあう時間たち～
30	舞台『暁のヨナ』
31	【最終章】學蘭歌劇『帝一の國』
32	ミュージカル「Dance with Devils」
33	DMM.yell presents 舞台『熱いぞ!猫ヶ谷‼』
34	舞台 増田こうすけ劇場 ギャグマンガ日和 デラックス風味
35	舞台「黒子のバスケ」 THE ENCOUNTER
36	ハイパープロジェクション演劇「ハイキュー‼」“頂の景色”
37	舞台「クジラの子らは砂上に歌う」
38	おやすみジャック・ザ・リッパー
39	磯部磯兵衛物語～浮世はつらいよ～
40	ツキステ。
41	「FAIRY TAIL」
42	曇天に笑う（再演）
43	舞台『刀剣乱舞』
44	じょしらく弐～時かけそば～
45	ミュージカル『テニスの王子様』　コンサート Dream Live 2016
46	『闇狩人』
47	舞台「実は私は」
48	舞台 下天の華 夢灯り
49	舞台「あんさんぶるスターズ!」
50	ミュージカル『刀剣乱舞』 ～阿津賀志山異聞～
51	舞台『カーニヴァル』
52	『ダンガンロンパ THE STAGE ～希望の学園と絶望の高校生～』2016

ムメディアやコンテンツは今後も残り、あるいは拡大していくだろうが、テレビや出版というメディアが現在のようなメジャーで居続けることが困難なのは先述の通りである。そのようななかでコンテンツ業界各社がライブエンターテイメントにコンテンツ産業の次の可能性を見出している。

しかし、「この原作なら当たるはずだ」と不用意に製作に挑戦しているケースも多く、そのトライ&エラーが成功モデルを確立しきれていないことも事実である。トライした結果、初演の成績で継続を断念するケースが多い。二〇一六年の一〇五タイトル中五一タイトル、つまり約四八%が初演で終わっている(図表4)。無論、「アニメやゲームの市場とまったく同じだ」と錯覚して失敗した企画のケースを除き、実は意外に〝間違えて〟撤退しているケースも多いのだ。

図表5、6を見ていただこう。これは公表されているミュージカル『テニスの王子様』の資料を基に筆者の研究室で独自に計算、算出した推定興行収入である。

これによるとリクープしていると推測されるのは、八回目(興行八本目)である。そしてその後、興行は伸長し、一二回目までの興行で過去の赤字を取り戻し、通常のコンテンツ以上の利益率を獲得して、現在に続く大規模な売上と利益を擁する大プラットフォームとなっているのだ。

現在の映画やアニメーションの関連企業が、資本調達を行うために四半期決算を導入せざるをえなくなってしまった結果、回収を中長期にわたるよう設計する事業計画は予算化が困難な状態にある。映画やアニメーションは資本投下の対価としてコンテンツ資産を得るのだが、当該四半期中の初興行・初オンエアの成績が残念ながら赤字だった場合、リリースからわずか数か月で事業継続を断念することとなり、資産が債務と同じ意味となってしまい、コンテンツ投資が資本体力の低下を生じさせている。これがコンテ

公演名	想定興行額	舞台公演数
ミュージカル『テニスの王子様』	29,670,480	9
2003年夏追加公演	30,309,440	7
不動峰	55,585,600	10
聖ルドルフ学院	85,181,600	28
不動峰 ～special match～	29,670,480	9
山吹 feat. 聖ルドルフ学院	95,950,400	13
氷帝学園	116,077,080	19
氷帝学園 in winter 2005-2006	128,094,960	21
六角 feat. 氷帝学園	211,741,320	34
立海 feat. 六角 ～ First Service	305,000,920	54
立海 feat. 六角 ～ Second Service	344,124,200	49
比嘉 feat. 立海	366,760,800	65
氷帝 feat. 比嘉	578,188,240	93
四天宝寺 feat. 氷帝	528,446,240	77
立海 First feat. 四天宝寺	632,250,080	69
立海 Second feat. The Rivals	598,893,680	80
2ndシーズン 青学vs不動峰	419,577,760	44
青学vs聖ルドルフ・山吹	430,760,400	37
青学vs氷帝	441,357,840	46
青学vs六角	292,578,720	41
青学vs立海	563,313,520	54
青学vs比嘉	433,085,240	51
全国大会 青学vs氷帝	804,511,680	73
青学vs四天宝寺	631,957,480	66
全国大会 青学vs立海	895,230,030	69
3rdシーズン 青学vs不動峰	511,993,000	66
青学vs聖ルドルフ	431,311,780	44
青学vs山吹	405,613,140	42
青学vs氷帝	494,874,000	48
青学vs六角	335,353,800	36
青学vs立海	551,908,200	51

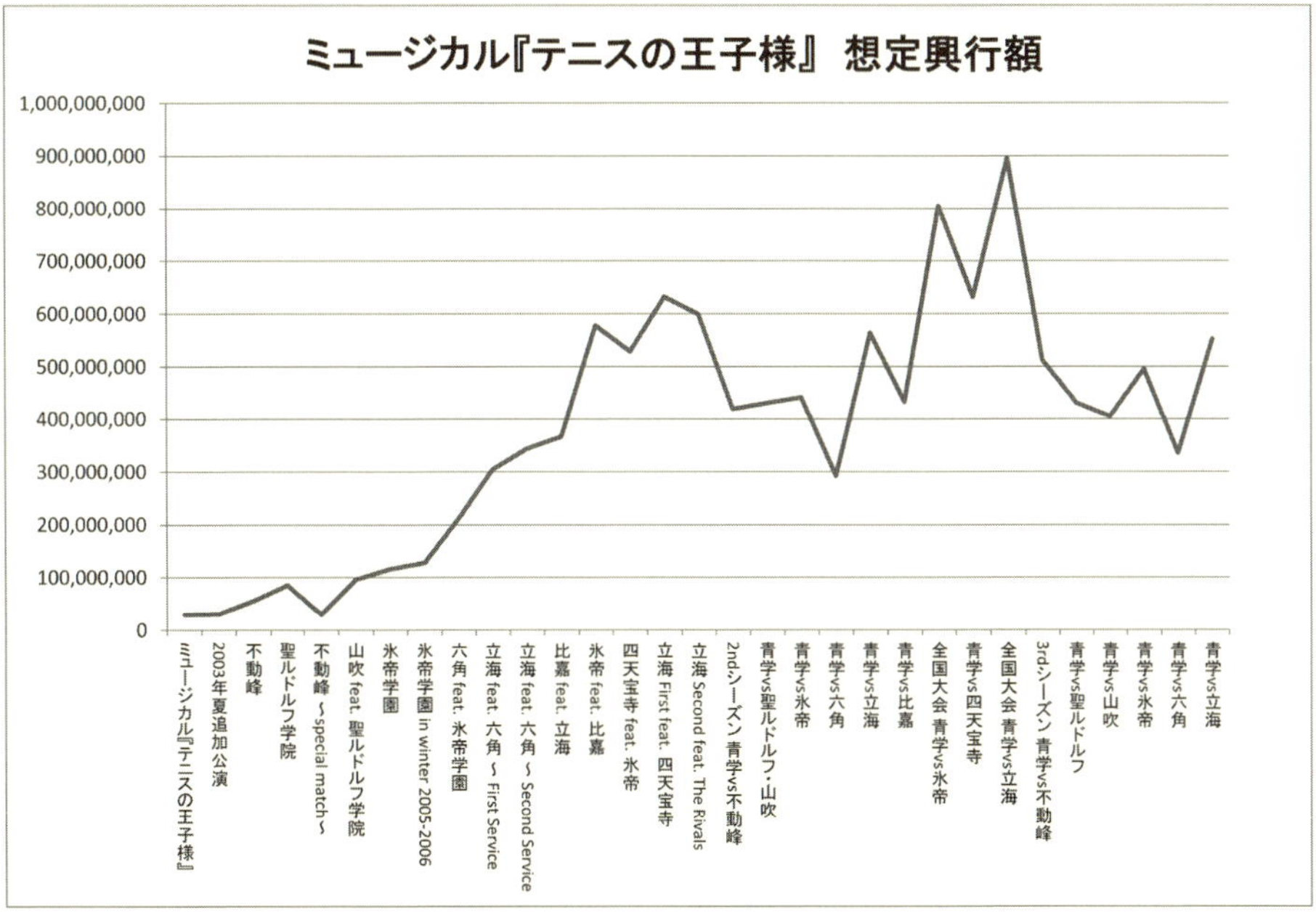

図表5：ミュージカル『テニスの王子様』想定興行収入（公野研究室調べ）

公演名	チケット代
ミュージカル『テニスの王子様』	5,600
2003年夏追加公演	5,600
Remarkable 1st Match 不動峰	5,600
More than Limit 聖ルドルフ学院	5,600
in winter 2004-2005 side 不動峰 ～special match～	5,600
in winter 2004-2005 side 山吹 feat. 聖ルドルフ学院	5,600
The Imperial Match 氷帝学園	5,600
The Imperial Match 氷帝学園 in winter 2005-2006	5,600
Advancement Match 六角 feat. 氷帝学園	5,600
Absolute King 立海 feat.六角 ～ First Service	5,600
Absolute king 立海 feat. 六角 ～ Second Service	5,600
Progressive Match 比嘉 feat. 立海	5,600
The Imperial Presence 氷帝 feat. 比嘉	5,600
The Treasure Match 四天宝寺 feat. 氷帝	5,600
The Final Match 立海 First feat. 四天宝寺	5,600
The Final Match 立海 Second feat. The Rivals	5,600
2ndシーズン 青学vs不動峰	5,600
青学vs聖ルドルフ・山吹	5,600
青学vs氷帝	5,600
青学vs六角	5,600
青学vs立海	5,600
青学vs比嘉	5,600
全国大会 青学vs氷帝	5,600
青学vs四天宝寺	5,600
全国大会 青学vs立海	5,800
3rdシーズン 青学vs不動峰	5,800
青学vs聖ルドルフ	5,800
青学vs山吹	5,800
青学vs氷帝	6,000
青学vs六角	6,000
青学vs立海	6,000

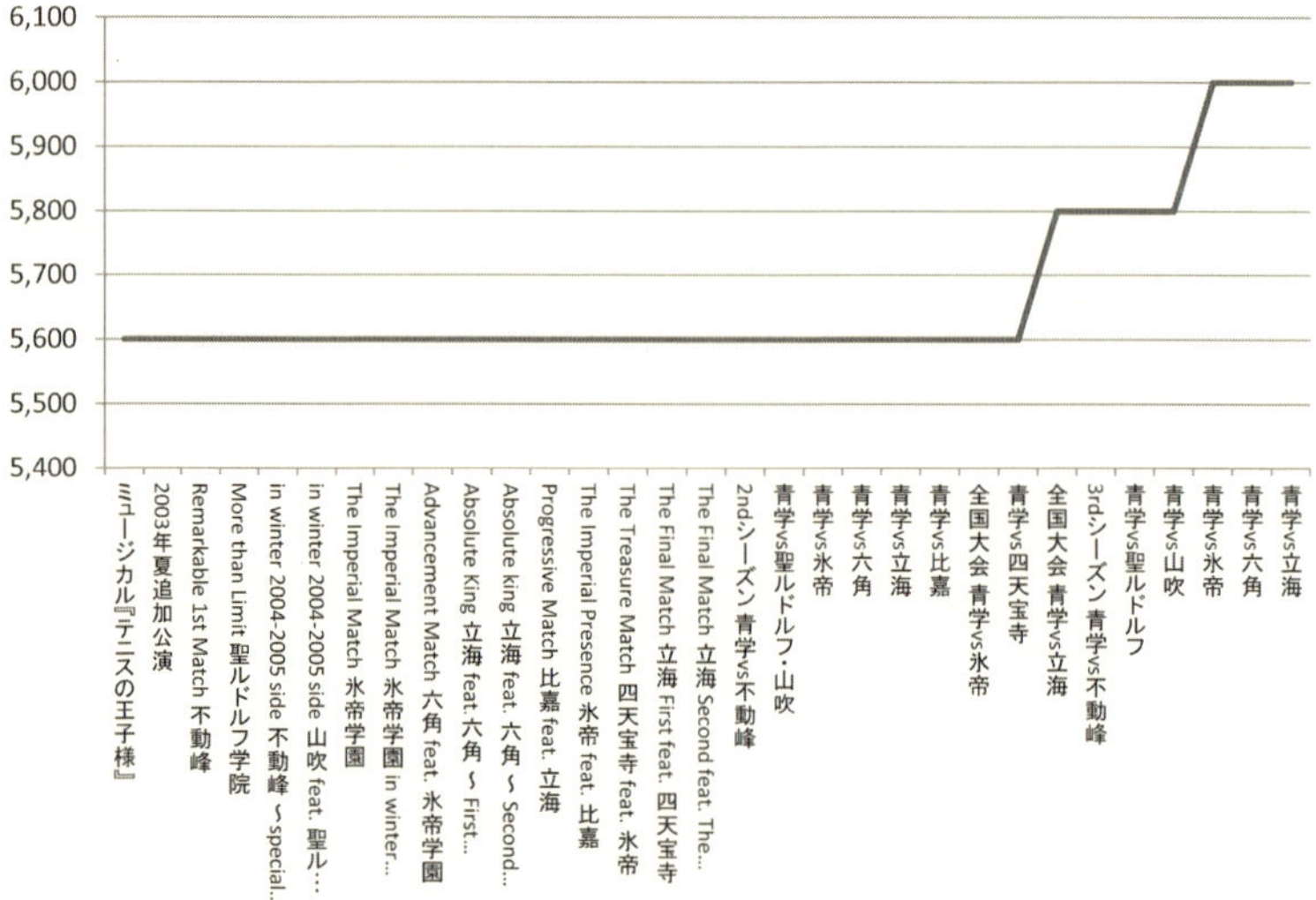

図表6：ミュージカル『テニスの王子様』チケット代推移（公式発表をもとに公野研究室でデータ作成）

ンツ不況の大きな要因である。償却期間など、会計上の原価の設計方法によりこれをうまくかわす企業もあるが、それにはキャッシュフローが潤沢であることが前提条件となり、小売などによる手許金に余裕がある企業でなければ、やはり事業存続は困難である。

しかしここで考えてほしい。アニメーションを一タイトル作る期間は三～五年が相場であり、制作費は一話あたり一五〇〇万円×一クール一二回で一億八〇〇〇万円、二四回で三億六〇〇〇万円だ。実写の全国興行映画だと長くて五年、通常は二年をかけて一～五億円の制作費を使用する。この辺りがコンテンツ企業の原価である。ところがアニメライブの場合、四章でも述べたように「低減」を意識したとしても通常、二五〇〇万円の建値原価を超過することは少なく、しかも制作期間は三～四か月と見事に四半期に対応可能なのである。しかもデリバティヴ商品としてのビデオグラムや物販も、ロイヤリティの強い顧客により高い購入率を誇る。来場時に予約したコア注文にさらに通販で追加注文を取り、入金が確定された数に対して製造をかけるために在庫の危険も低い。これは充分販売費及び一般管理費（販管費）を吸収しうる。

さらに一方でプロジェクトを四半期とせず、通期三回興行、中期四年で計一二回の事業としてみよう。一五〇〇万円×一二回で総事業費一億八〇〇〇万円、売上は先述の〝七本目まで赤字〟理論だとしても、八本目から黒字が始まり（いったん下がったりもしているが）、最終的には事業トータルで約二三％の利益率となっている。最初の興行や初年度、四半期で計上せず、全体四年間の事業として捉える。マーケティング戦略やリテール戦略もそれに合わせて成長型のデザイン、ホスピタリティ、内容を考えることで市場の創出までをも目論むことができるのだ。

これだと確かに、従来のコンテンツと同様のスパンでの事業スケジュール感だ。もちろん年間の番組を担保するための興行館（通称コヤ）、キャスト、クラシカルスタッフ（脚本家・演出家、原作者やプロデューサーも含まれる）のスケジュールを事前に抑えなければならない。そして何よりも「ヒットさせる」という強い意志を持って全スタッフで臨まなければならない。長いスパンの事業はさまざまなことが業務上でもプライベートでも起きるものだ。

それらを凌駕し透徹した継続を四年ほど貫徹すれば、そのコンテンツのエターナル化は完成しているはずだ。しかも「五年かけて四半期で事業の勝敗が決する」というようなバクチ性はこのコンテンツにはない。要は〝堪《こら》え性〟を予算化できるかなどにかかっているといっても過言ではないのだ。これに耐えるキャッシュフロー、経営の長期視点、ブレないオペレーションや企画性というのがそれに供する。そうすれば新しいコンテンツの未来像は確立される。勝ち残った事業者のいずれもが採っている戦略である。

■表現への挑戦と普遍性

〝ブレない〟と書いたが、実はこの点が最重要である。コンテンツ事業が越えなければならない難所として、この「同じスタイルのものを提供し続ける意志」というものがある。しょせん四半期での成果は短期的な結果でしかない。中長期を越えてエターナルを目指すためには、〝提供し続けること〟がイコール〝市場を創出すること〟であり、マーケティングそのものとなる。しかしこれが難しいのだ。中長期の市場観測の方法と確信、さらに未計上を続けるということは、キャッシュフローのクリティカルな悪化でもある。時代も社会も短期間ので評価と価値確定を急ぐことが常となった。

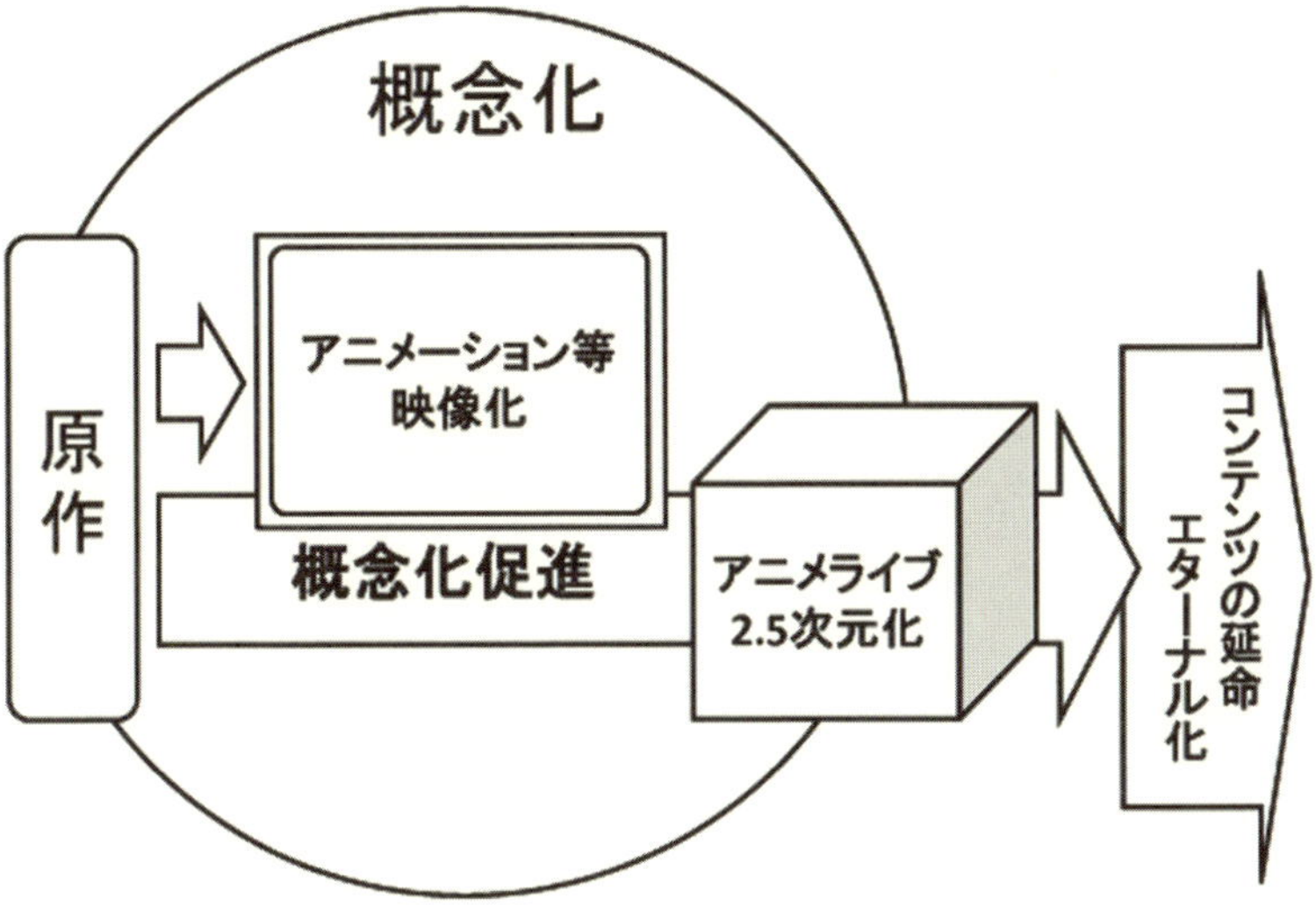

図表7：2.5次元／アニメライブの観客の意識

この〝ブレない〟ために重要なのがその企業独自の商品である。〝オリジナリティ〟はブランドの効用として類型他社との区別をもたらす。その会社の独自の商品が市場を形成するまでになれば生き残れるのは自明だが、それはどのような方法論なのだろうか。

最近では舞台上のプロジェクションマッピングによる映像的パフォーマンスが急速に進んだ。さらにワイヤーを活用した超人的な空中アクション[6]も普通に行われるようになった。しかしミュージカル『テニスの王子様』も『CLOCK ZERO』、『アルカナファミリア』も決して大きな舞台装置や特殊効果な演出はない。しかし、群舞と歌唱で観客へ根源的な感動を与え、舞台独自の脚本で〝映像で語られなかった物語〟を知り、さらに（段取りは設定されていても）脚本のないアフタートークなどのやりとりで〝脚本の外の世界〟——キャラクターの人格にリアリティを感じ、現実空間にキャラクターが存在するという説得力を生み出すのだ。

特殊効果や特殊機材によるビジュアルのパフォーマンスはCGに似る。画面の物理的整合性を「機械で作画」してしまうのがCGだ。無論そこにいくたの人手も資本も投じられている。しかし描くのが機械であると、そこに身体的技能への感嘆と驚き、芸に対する感動は発生しない。逆にいうと、身体的驚異や〝素（と錯覚する）〟人格に触れることこそが、観客の求める感動なのだ。

その観点に立ってこそ、二・五次元／アニメライブは動員を実現してきた。決して原作のスケールや二次制作作品であるアニメーションの延長として存在しているのではない。この点こそがこのコンテンツが観客を獲得している理由であり、成功していない作品が気づいていない点でもある。

振り返ってみれば映画やテレビの草創期、演技はいかにも脚本を読むような、時代がかったものが上手いとされた。名作と呼ばれる旧作を観るだにその印象は強い。しかし現在では芝居と感じさせないドキュメンタリスティックな自然な演技や、誰でもが思い当たるような日常生活の行き違いなどで笑わせるコミカルな演出が普通となった（無論、大げさなコメディや見栄を切るような時代劇もある）。その時代その時代でオーディエンスの喜ぶものは移り変わる。舞台上でのパフォーマンスは機器に依存するのではなく、その演出に進化の鍵があると考える。

普遍性から発する進化である。

例えばそれは、本書で鄭が独自の方法で「時間と空間を共有することから発する空気」を生み出すことであったり、豊が語る「キャラクターの関係性を想像させることを作品としていく」ことであったりということだ。原型が揺らぎがたい歌舞伎や、劇場で初めてそのキャラクターと観客が出会うような舞台オリ

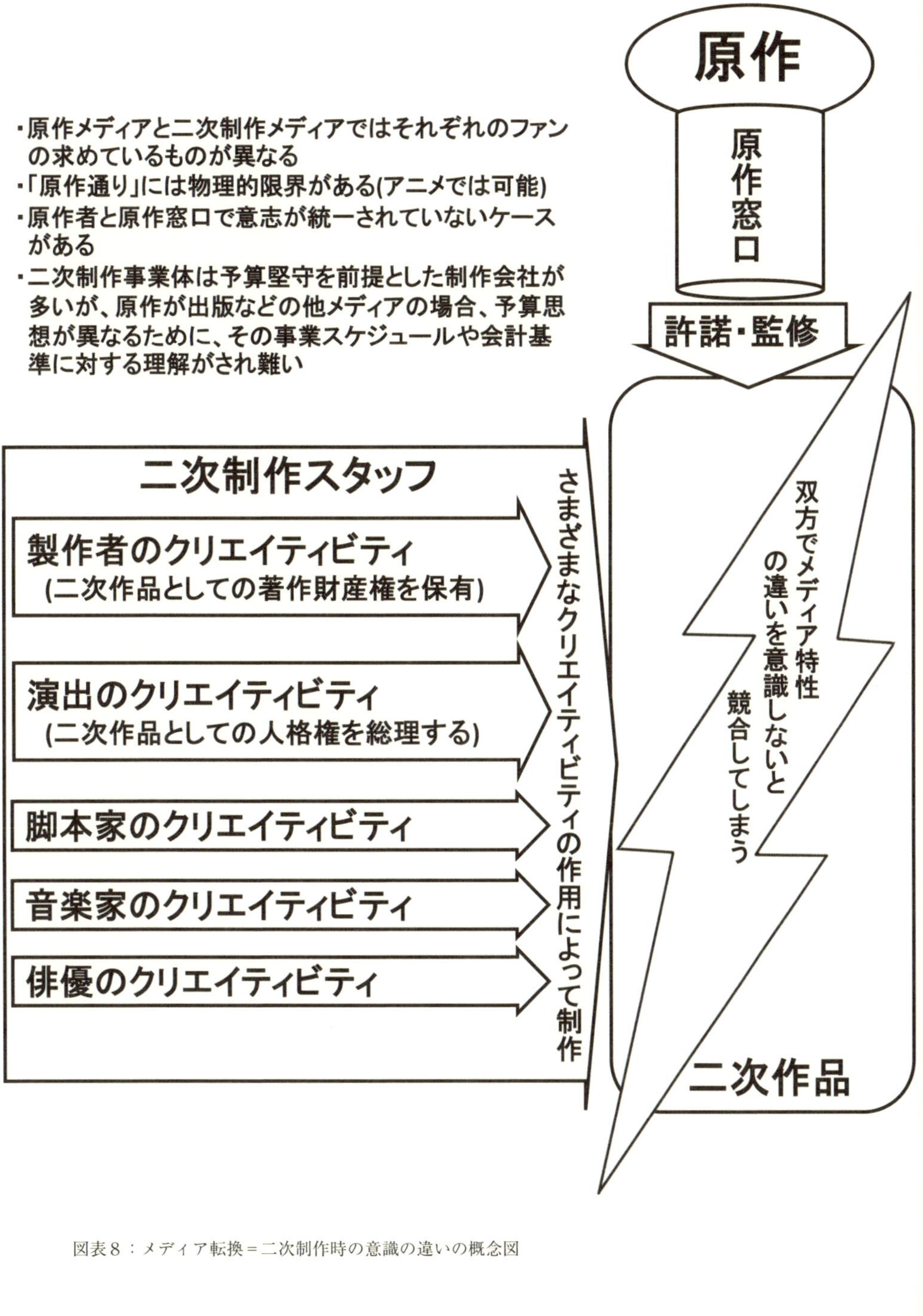
原作
原作窓口
・原作メディアと二次制作メディアではそれぞれのファンの求めているものが異なる
・「原作通り」には物理的限界がある(アニメでは可能)
・原作者と原作窓口で意志が統一されていないケースがある
・二次制作事業体は予算堅守を前提とした制作会社が多いが、原作が出版などの他メディアの場合、予算思想が異なるために、その事業スケジュールや会計基準に対する理解がされ難い
許諾・監修
二次制作スタッフ
製作者のクリエイティビティ
(二次作品としての著作財産権を保有)
演出のクリエイティビティ
(二次作品としての人格権を総理する)
脚本家のクリエイティビティ
音楽家のクリエイティビティ
俳優のクリエイティビティ
さまざまなクリエイティビティの作用によって制作
双方でメディア特性の違いを意識しないと競合してしまう
二次作品

図表８：メディア転換＝二次制作時の意識の違いの概念図

ジナルの作品と異なり、原作世界の一部として、あるいは原作世界を概念として独立的に構築される——それが二・五次元／アニメライブなのだ。二次創作市場の巨大化からもわかるように、原作がアニメ化など映像化をなされることにより、その原作世界の概念化はより深化される。それは豊が受けた二次制作時の巨匠原作者からの言葉のように（本書九二ページ）、すでに二次制作の多様化自体が原作の拡大世界として領域をなし、原作の延命やエターナル化に貢献しているのである。

3. 提言

ここまで諸処、二・五次元／アニメライブに至るコンテンツの歴史や、生まれ出た新たな市場要素を述べてきた。

だがそれで書き記したかったのは、その歴史と現在との断裂であり、新しいクリエイティヴのスタイルに旧来のメディアが対応しきれていない現状に対する産業的な危機感だ。冒頭でも指摘したように、本書での成果報告は無知を責めるのではなく、せっかく欠損したポートフォリオを埋めるべく誕生した二・五次元／アニメライブというコンテンツに対するビジネスの暴力を糺し、クリエイティビティの無軌道さを自覚させるためのものである。

改めていくつかの実状を挙げ、提言したい。

一．舞台化は原作概念の三次元化・実態化であり、二次元である原作世界の忠実な再現と同義ではない。

一．原作のメディア特性と舞台のメディア特性は大きく異なる。映像化される時と同様の監修は、舞台のオーディエンスに喜ばれるとは限らない。舞台独自のカタルシスの構築を目指さなければオーディエンスには届かない。

一．アニメーション化の際は原作マンガに忠実な二次制作を求めるファンも多くいるが、舞台化の場合は原作のファンである以前にライブエンターテイメントに対する嗜好性を備えたファンであることが多く、「原作to舞台」ではなく「舞台on原作」の発想であること。

一．原作の実態化とは映像化のような〝原作通りのカット割り〟や〝原作通りの髪型を再現すること〟では決してなく、キャラクターの存在を観客に確信させるものである。

一．原作許諾者・被許諾者とも、そのコンテンツの最大化目指すために相互の特性の違いを理解し、会計基準など互いのビジネス構造の差異も認識するべきである。

一．コンテンツの短命化が際立っている現代、原作世界観の堅守と拡大はケース・バイ・ケースでバランスを持って両立しなければ延命できない。

箇条書きにしてしまうと喧嘩腰にも読めてしまうような提言だが、決してそうではない。これが最前線の現実であり、関係者には自身の立っている場所がすでに水没域に指定されていることを知ってほしいがために提起しているものである。ＩＰホルダーや原作代理人の方々には、数々の名作や作家群を生み出し育ててきた功績に対する大きな顕彰の気持ちをこめて、このことを伝えたい。ぜひコンテンツ産業全体の振興に供するこのジャンルに参入し、そしてさまざまなクリエイティビティを群生させてきた、その歴史的なソリューションの保全に努めてほしいのだ。

大メディアの従事者ほど自分たちの仕事の安定を信じて疑わない。しかし歴史は移り変わってきた。映画やラジオはテレビに居を追われ、そしてテレビと出版はＳＮＳに市場を奪われる。築き上げてきたソリューションを残す、伝統的で新しい場所——それが「二・五次元／アニメライブ」なのである。

おわりに

メディア業界は華やかで創造的な産業である。たくさんの作家がメディアのプロデューサーの手により発掘され、そして多額の制作費を投入された作品を撮り、あるいは緊密な指導とアイデアの提供を行って雑誌連載するなどして、オーディエンスを熱狂させてきた。社会の誰もが就ける仕事ではないがゆえに、尊敬と憧れを抱かれ続けている。

一方でメディアは保守的である。就職試験を受けた人ならば、その面接での面接官の強い態度が思い出されるだろう。事実、これまで各社のモードの源泉となるクリエイター群は、膨大な夢を目指す人々の大海から彼らメディア従事者の手によって直接引き揚げられ、そして丹念に育成されてきた。〝クリエイターの発掘・育成〟〝大衆へのチャンネル〟こそが、メディア従事者の存在意義なのだ。

ところが現在、作家が自らの作品を市場へ放つプラグとしてのテレビ局や出版社を、大きく凌駕する新興メディアとしてＳＮＳが登場した。特に投稿映像の掲載を基軸としたＳＮＳの普及の速度は、かつてのテレビや新聞を上回る。

その流れに対して、われわれはテレビが培った貴重な制作技法や、出版の誇るクリエイター開発のソリューションを守らなければならないと考えている。かつて映画産業の斜陽時、テレビやコマーシャルフィルム制作がその受け皿となったように、次の受け皿を探さなければならない。

私はこの受け皿こそが二・五次元／アニメライブの産業ではないかと考えている。

テレビの撮影の技術はコンテンツをＳＮＳへ搭載していくための技術であり、キャスティングのネットワークは深く広範だ。新しいクリエイターを発掘し、物語を量産する力で出版の右に出るメディアはない。無論、それらの強力なソリューションは、現在の産業規模による資本力に担保されているわけだが、二・五次元／アニメライブの産業伸長性はそれを吸収して機能しうる。

先著（『コンテンツ製造論』）から多くの――特に出版の先人たちとお話をさせていただく機会が増えている。某大手出版社の取締役の方と話した際のことだ。出版界が背戸際に立っていると知る彼自身の危機意識は甚大だが、彼の最大の悩みは同じ出版の仲間や部下が、どれだけ言葉を尽くして危機を説いても諫言に耳を貸してくれない、というものだった。それはその産業の歴史として、経済の構造やビジネス習慣を学ばせないままに人材を育ててきてしまったという反省の吐露でもあった。

冒頭に述べた〝他人の正目〟を得られず〝易者、身の上知らず〟というところだろうか。しかし、彼らはいつも私が厳しい直言を吐いても、笑顔で迎えてくれる。それは彼らが過去に学び、新しきを拓くは苦言からということをよく知っているコンテンツ産業のエキスパートだからだ。その意識は間違いなく、伝播して危機を自覚させ、多くの従事者を救うことになるはずだ。

かつて実相寺昭雄監督に、歌謡番組で美空ひばりの汗が映るほどにクローズアップして撮った理由を聞いたことがある（放送当時、大問題になったという）。監督は「愛情、愛情！」と笑って答えてくれた。コンテンツ産業が沈まぬために生まれた二・五次元／アニメライブ。本書での現行従事者へのクローズアップは、〝ありのままを伝えることが業界のためになる〞という愛情である。愛があるからこそ、まだそこで私は禄を食《は》めている。

本書の最後に当たって、相当な手間で広範な領域の調査を手伝ってくれた萩原遼君、インタビューの正確な撮影に砕身してくれた玉川隆昭君、取材スチールをさまざまな角度で撮影してくれた川部龍真君、遠方の資料取得に奔走してくれた小笹翔太郎君にお礼を申し上げたい。諸兄らの協力がなければ、この執筆期間ではとても本書は完成しなかった。

最後に、映画のソリューションを転用し、新しいライブエンターテイメントのスタイルを研究、確立していく過程で多くの助言と激励をくださった、元・岩波映画のプロデューサーであり名門制作会社・青林舎の創業者である髙木隆太郎氏に深く感謝を述べたい。氏はクリエイティヴとビジネスからの挟撃を曲芸のようにかわしつつ作品を織りなしていくという、プロデューサーのひとつの理想像を私に示してくれた。現在でも新しく上映用のプリントが焼かれるような歴史的な作品群を、独自の方法とそれまでにない新しい魅力で世に送り出し続けた氏は、二〇一七年、六月二一日に闘病の末に亡くなられた。自身で作られたコンテンツ群と同様、強く、激しく、鮮烈な人生だった。

二〇一八年三月

公野　勉

注

はじめに

（1）『美術手帖』二〇一六年七月号。

第一章

（1）一九七二年、集英社の『週刊マーガレット』にて連載開始した池田理代子による日本のマンガ。一九七四年に宝塚歌劇団によりミュージカル化される。

（2）一九八五年、集英社の『週刊少年ジャンプ』にて連載開始した車田正美による日本のマンガ。一九九一年に初めて舞台化される。

（3）一九九二年、講談社の『なかよし』で連載開始した武内直子による日本のマンガ。

（4）マスクや着ぐるみを着装し、事前収録された音源に合わせて行う演劇あるいはショー

（5）二〇〇三年から二〇〇五年にかけて上演され、二〇一三年に二五周年記念の一環として新作シリーズが上演されている。

（6）一九九七年、集英社の『週刊少年ジャンプ』で連載開始した尾田栄一郎による日本のマンガ。

（7）〝【テニミュ】マジ半端ない！『テニスの王子様ミュージカル』10年の軌跡と魅力を徹底解剖〟（二〇一三年一一月一〇日）。http://news.ameba.jp/20131110-64/（二〇一四年五月一四日閲覧）

（8）二〇〇三年に五十嵐広行（ＨＩＲＯ）が創業した芸能事務所。ＥＸＩＬＥなどが在籍する。

（9）物語における観客が感じる感情を表したもの。

（10）一九二五〜二〇一七年。株式会社ナムコ（現・バンダイナムコエンターテイメント）の創業者。

（11）尼子騒兵衛による朝日小学生新聞に連載されている『落第忍者乱太郎』を原作とする日本のアニメ。一九九三年にＮＨＫ総合テレビジョンにおいて放送が開始された。

(12)一九八六年に設立した制作プロダクション。二〇一三年にNHKエンタープライズに吸収され解散。

(13)ただし近年はCGによってこの「物理的限界線」は揺らいでいる。高い精度のCGが普及することによって、「常識的に、物理的にありえない映像(CG映像)=当然、実物が存在しない、作られた映像」という認識で大衆が視聴する習慣がついてしまい、よくできたCGゆえに映像が現実性(リアリティ)を失うという、本末転倒な事態も発生している。映像ダイナミズムのひとつに「その映像にどれだけ手間がかけられているか」という視点があり、そのメジャーメントは〝どれだけの人数の手がかかっているか〟である。この視点に立った時に手描きアニメーションと同様、多くのスタッフの手がかかっている特撮や、人々が参加した群衆シーン、偶然性の高いアクションや危険な撮影には、その強いダイナミズムが発生する。CGの使用はむしろ逆に〝安作り〟と思われてしまうほど一般化してしまっている。

(14)一九九七年に設立された企画、制作プロダクション。

(15)最初に公開された特報ティザはアニメーションキャラクターのものだった。

(16)トレーディングカードゲーム[Trading Card Game]の略称。

(17)ボーイズラブ[Boy's Love]の略称。男性同士の恋愛を描いた作品。

(18)[Profit and Loss]の略称で損益を指す経理用語。

(19)[Cash Flow]の略称で、現金の流れを指す経理用語。

第二章

(1)一九七四年、日本テレビ系列(よみうりテレビ枠)でアニメーション放送開始、一九七七年に劇場版アニメーションが公開された。テレビアニメーションの放映と同時に、秋田書店刊行月刊誌『冒険王』一九七四年一一月号から松本零士によるマンガ連載が開始された。

(2)一九五六年当時、『鉄腕アトム』『鉄人28号』が連載されていた『少年』誌は三三万部、『宇宙戦艦ヤマト』が連載されていた『冒険王』誌は三五万部を発行していた。石子順著『日本マンガ誌』(一九八八年、社会思想社)。

(3)地上波などで番組を独占的に放送できる権利料。

（４）一九八三年にバンダイから発売された世界初のＯＶＡ（オリジナルビデオアニメーション）。
（５）ＣＭ枠に対して企業が支払う価格。時間や番組によって変動する。
（６）『日本における民放テレビ局のビジネスシステム研究』（馬場康之筆）
http://www.kwansei-ac.jp/iba/assets/pdf/journal/studies_in_BandA_2009_p61-74.pdf（二〇一七年九月二八日閲覧）
（７）雷句誠公式ブログ『雷句誠の今日このごろ。』（二〇〇八年六月六日）
http://raikumakoto.com/archives/5649678.html（二〇一七年九月二八日閲覧）
（８）『テレビというビジネスモデルのこれから　—民放テレビの現在・過去・未来から考察するメディア論—』二二〇ページ、平松恵一郎筆 file:///C:/Users/Owner/Downloads/AA11919969_11_09.pdf（二〇一七年九月二八日閲覧）
（９）『日本における民放テレビ局のビジネスシステム研究』（馬場康之筆）六一ページ。
http://www.kwansei-ac.jp/iba/assets/pdf/journal/studies_in_BandA_2009_p61-74.pdf（二〇一七年九月二八日閲覧）
（10）『日本の映画産業及びテレビ放送産業の経済効果に関する調査—報告書—』二八ページ、日本国際映画著作権協会（二〇一五年一〇月）。
http://www.jimca.co.jp/research_statistics/reports/ECR2015_JN.pdf（二〇一七年九月二八日閲覧）
（11）二〇一六年年間高世帯視聴率番組30（ビデオリサーチ調べ　関東地区　世帯視聴率）
http://www.videor.co.jp/tvrating/past_tvrating/top30/201630.html（二〇一七年九月二三日閲覧）
（12）『上位四二作品中一五作品が主要テレビ局が関わっていない』〝過去興行収入上位作品　一般社団法人日本映画製作者連盟〟（二〇一七年一月二四日）http://www.eiren.org/toukei/（二〇一七年九月二一日閲覧）
（13）日本テレビ『２０１６年度決算説明会資料』（二〇一七年五月一七日）
http://www.ntvhd.co.jp/ir/library/presentation/booklet/pdf/2016_4q.pdf（二〇一七年九月二八日閲覧）
ＴＢＳ『２０１７年３月期決算説明会資料』（二〇一七年五月一一日）
http://www.tbsholdings.co.jp/pdf/setsumei/setumei201705_2.pdf（二〇一七年九月二八日閲覧）
フジテレビ『貸借対照表』（二〇一七年三月三一日）

https://www.fujitv.co.jp/company/info/pdf/cx_zaimujoho_h28.pdf（二〇一七年九月二八日閲覧）
テレビ朝日『２０１７年3月期決算説明会』（二〇一七年五月一七日）
http://www.tv-asahihd.co.jp/contents/ir_setex/data/2017/20170517.pdf（二〇一七年九月二八日閲覧）
テレビ東京『平成29年3月期　決算短信〔日本基準〕（連結）』（二〇一七年五月一二日）
http://v4.eir-parts.net/v4Contents/View.aspx?cat=tdnet&sid=1472185（二〇一七年九月二八日閲覧）

（14）作家の知名度によって原稿用紙一枚三、〇〇〇～六〇、〇〇〇円程度といわれる。

（15）〝「企業に管理される快適なポストモダンのためのエッセイ」〟（二〇一四年五月一七日）
http://sai-zen-sen.jp/editors/blog/sekaizatsuwa/otsuka-%20essay.html（二〇一七年九月二一日）

（16）一九七〇年頃から発生した、マンガやアニメ、ゲームなどを対象として楽しむ大衆文化。

（17）永野護などアニメーション出身者や、『月刊ガンダムエース』に代表される、かつてのスタッフを起用したシークエルやプリークシエル作品、そして新人作家に有名アニメーションのマンガ化を担わせるなど。

（18）一九六九年に発表された藤子・Ｆ・不二雄氏による日本の児童向けＳＦマンガ。

（19）一九九四年に小学館刊行の少年誌『週刊少年サンデー』で連載が開始された青山剛昌による推理マンガ。

（20）一九九六年に任天堂から販売されたゲームソフトを原作として作られた、テレビアニメーションシリーズ（一九九七年放映開始）の劇場版作品。一九九八年の『ミュウツーの逆襲』が初作。その後、毎夏に新作が公開されている。

（21）Social Networking Service の略称。

（22）仏のリュミエール兄弟がシネマトグラフ・リュミエールを開発し、一八九五年に初めて上映された。

（23）フィルム上の光学合成のこと。

第三章

（1）取引先などの再生手続等の申請や事業活動の制限、災害、取引金融機関の破綻等により経営の安定に支障を生じている中小企業者について、保証限度額の別枠化等を行う制度。

中小企業庁Webサイト http://www.chusho.meti.go.jp/kinyu/sefu_net_gaiyou.htm（二〇一七年九月一八日閲覧）

（2）一九六六年に設立された子ども向けマスクショーの劇団。『ピーターパン』などの名作や『プリキュアシリーズ』などのバンダイと提携をしたタイトルをラインナップとしている。

（3）二〇一六年九月三日に文京シビックセンター二六階スカイホールで行われた。

（4）契約の締結もしくは許諾許可により事業開始の決済がなされること。

（5）東京ドームシティアトラクションズ内に設置されている屋内劇場で二〇〇九年に開場した。
http://www.tokyo-dome.co.jp/g-rosso/（二〇一七年九月一一日閲覧）

（6）ティーンより上の年齢のファン。

（7）正太郎コンプレックス。『鉄人28号』の主人公、金田正太郎からとされる。少年性愛という意味の造語。

（8）作品の敵役組織。

（9）ひとつのキャラクターにふたりの俳優が配役されること

（10）二〇〇一年に開始し、その年のオタク情勢を総括するイベント。ミュージカル『忍たま乱太郎』は二〇〇九年回の女性部門両角織江賞を受賞。http://www.granaten.co.jp/o_award/oa_gs_2009.html（二〇一七年九月一一日閲覧）

（11）小島アジコによる日本のウェブコミックス。二〇〇六年に自身のブログで掲載を開始する。

（12）一九七九年～八二年にＮＨＫ総合テレビにて放送された人形劇。
http://www.nhk.or.jp/archives/search/special/detail/?d=puppet-anime006（二〇一七年九月一一日閲覧）

（13）一九七四年～七五年にＮＥＴテレビ系列（現テレビ朝日系列）で放映された日本のアニメーション。〝魔女モノ〟と言われるジャンルの代表作となった。http://www.toei-anim.co.jp/lineup/tv/megu/（二〇一七年九月一一日閲覧）

（14）地方テレビ局が複数の放送系列網に参加している状態のこと。

（15）一九七五年に設立されたアニメーション会社。二〇〇六年に社名を株式会社プロダクションリードに変更。
http://www.pro-reed.com/（二〇一七年九月一一日閲覧）

（16）オリジナル・ビデオ・アニメーション（Original Video Animation）の略。テレビ放送、劇場公開を目的としてはいないアニメーション作品。

(17)一九六二年に結成された日本の会員制マンガ同人グループ。代表者はばばよしあき。二〇一六年、ばばの死去にともない解散した。

(18)一九五一年、放送局用のソニー製ゼンマイ式ショルダー型テープレコーダー。https://www.sony.co.jp/SonyInfo/CorporateInfo/History/sonyhistory-k.html（二〇一七年九月一一日閲覧）

(19)一七一八年、市川團十郎（二代目）によって上演された歌舞伎十八番の演目であり、そのセリフ。現代ではアナウンサーや俳優などが発声や滑舌の練習として使用される。

(20)一九八五年に成井豊を中心に結成された演劇集団。

(21)男性同士の恋愛（通称ボーイズラブ）、およびいろいろなコンテンツをそう見立てる女性のファン層。〝やおい〟と呼ばれる「ヤマ（クライマックス）なし」「オチ（結末）なし」「意味（テーマ）なし」作品のファンも含まれる。

(22)一九八一年、『週刊少年ジャンプ』にて連載が開始された高橋陽一によるサッカーマンガ。世界中にファンが存在し、日本から海外までプロサッカー選手に大きな影響を与えた。

(23)あらすじや内容を明かしてしまうこと。

(24)一九六八年に集英社より創刊された少年マンガ誌。

(25)一九七六年に隔月刊のマンガ誌として白泉社より創刊。一九七七年より月刊誌となった。

(26)一九五五年に集英社より創刊された少女向けの月刊マンガ誌。

(27)一九五四年に講談社より創刊された少女向けの月刊マンガ誌。

(28)一九八四年にデビューした小室哲哉（キーボード）、宇都宮隆（ヴォーカル）、木根尚登（ベース）の三名による音楽バンド。

(29)一九八六年、藤村哲也が設立した映画配給会社。現在のギャガ株式会社。

(30)映画作品の全国での公開劇場を編成する業務。

(31)一九九四年に公開されたディズニー製作のアニメーション映画。一九九七年にミュージカル化された。

(32)アニメシリーズや特撮シリーズにおいて作品構成を行う職態。複数の脚本家が参加する、シリーズ作品において各話の監修を行うなどして全体の統一感を維持する役目。マーチャンダイジング商品の脚本への反映なども行う。
(33)一九六七年生まれ、脚本家。『ポケットモンスター』シリーズや『イナズマイレブン』シリーズなどで脚本やシリーズ構成など。
(34)超常的なサッカー技の表現など。
(35)脚本家。演出家。一九九八年より活動。
(36)一九八三年生まれ、俳優。『ミュージカル忍たま乱太郎』シリーズ『舞台版イナズマイレブン』シリーズに出演。
(37)二〇〇八年にレベルファイブが制作したニンテンドーDSソフト『イナズマイレブン』の略称。
(38)一九七二年に小学館の『別冊少女コミック』において掲載が開始された萩尾望都によるファンタジーマンガ。
(39)二〇一五年にテレビ東京などで放映された、赤塚不二夫の『おそ松くん』を原作としたアニメーション作品。
(40)一九七八年生まれ、アニメーション監督。『銀魂』シリーズ『おそ松さん』などを手掛けている。
(41)キャラクターの設定から逸脱することの意。
(42)設定されているキャラクターの画とは異なってしまう作画上の事故。
(43)ライブエンターテイメントの意。
(44)二〇〇一年に羽原大介が立ち上げた劇団。
(45)脚本をキャスト、スタッフで一堂に会して読み合わせること。
(46)本番と同様に行う、興行会場での最後の予行演習。
(47)『艶が~る　プレミアム』は二〇一五年に株式会社サイバーエージェントより配信が開始した幕末を舞台にした乙女ゲームアプリ。二〇一七年に舞台化した。
(48)稽古のスケジュール調整や連絡など、演出家に付いて事務的業務を行う舞台スタッフ。
(49)演出家からの芝居の指導。改善ポイントを指摘する際に使う言葉。
(50)本来は複数のカットを積み重ねてテーマを伝える映画用語。舞台では経過や転換を表現するために短いシーンを積み重ねることを指す。

(51) 忍者をモデルとしたマンガが人気となったほか、近年では歌舞伎が二〇一六年に初めて公演されるなど日本オリエンテッドな文化が海外へ輸出されている。http://news.panasonic.com/jp/topics/14686.html（二〇一七年九月一七日閲覧）

(52) 一九七六年から一九九二年まで、野田秀樹を中心に活動した日本の劇団。

(53) 一九八一年から活動を始めた劇団。鴻上尚史主催。二〇一二年に解散した。

(54) 庵野秀明が監督を行ったＧＩＮＡＸ制作の日本のアニメ。二〇〇六年より劇場版が公開されていく。

(55) 一九五七年生まれ、作曲家。『ふしぎの海のナディア』『新世紀エヴァンゲリオン』『BLEACH』などのアニメ作品の音楽を手掛ける。

(56) 一九九八年にテレビ東京系列で放送されたサンライズ制作の日本のアニメ。

(57) 一九六三年生まれ、作曲家。『カウボーイビバップ』『∀ガンダム』などのアニメ作品の音楽を手掛ける。

(58) 映画やドラマ、演劇、アニメなどのＢＧＭとして作られる楽曲。

(59) コンピューター上で作成する音楽ソフトの総称。

(60) コンピューター上で音楽を作成すること。

(61) ドイツのSteinberg社が開発したＤＡＷソフトの一つ。

(62) キーボードを鍵盤にするソフト。

(63) ローランド社が二〇〇五年に発売した電子ピアノ。https://www.roland.com/jp/products/rd-700sx/

(64) 音楽データのファイル形式の名前。

(65) パンポットの略。ステレオの左右をバランスよくすること。

(66) ステレオの左右の音を広げること。

(67) 渋谷区道玄坂にある二〇一一年に開館した室内型劇場。元は映画館として運営されていた。

(68) 二〇一七年公開の舞台作品。原作は二〇一三年に株式会社ブロッコリーから発売されたPlayStation Portable用乙女恋愛ゲームソフト。

（69）楽譜の音程に俳優の発声を合わせていく作業。
（70）金槌の舞台・映像業界用語。
（71）固有の配役を受けていない、群舞などのエキストラ俳優。
（72）一九八〇年生まれ、演出家、脚本家、俳優。代表作に『スーパーダンガンロンパ2　THE STAGE～さよなら絶望学園～』（二〇一五年）『プリンス・オブ・ストライド THE LIVE STAGE』（二〇一六年～）など。
（73）一九八四年生まれ、俳優。
（74）一九八六年生まれ、俳優。『戦国ＢＡＳＡＲＡ２』（二〇一二年）ミュージカル『忍たま乱太郎　第3弾～山賊砦に潜入せよ～』（再演、二〇一二年）など。
（75）稽古に入ること。
（76）『CLOCK ZERO～終焉の一秒～』内に登場するキャラクター。
（77）一九八〇年生まれ、歌手、俳優。『ミュージカル　テニスの王子様』『超歌劇　幕末Ｒｏｃｋ』など。
（78）二〇一六年に舞台化された作品。二〇一〇年、アイディアファクトリーより発売された PlayStation 2用ファンタジーゲーム。
（79）二〇一七年に舞台化された作品。二〇一二年、株式会社サイバードより配信を開始された王国ファンタジーアプリゲーム。
（80）二〇一五年より舞台化されたシリーズの三作目。原作は二〇一一年に COMFORT から発売された PlayStation Portable 用女性向けゲームソフト。
（81）『週刊少年ジャンプ』における三大テーマ。『ジャンプ』作品のすべてが、いずれかのテーマを反映される方針で編集されているという。
（82）演出家。テレビドラマの演出を主とし、二〇一五年には『アルカナファミリア Valentino』で舞台の演出を務め、以降同シリーズの演出を手掛けている。
（83）キャラクターなどの原画を担当するデザイナー、イラストレイターのこと。作品ごとに起用される。

(84)二〇〇一年に設立されたゲームの企画、制作を行う会社。
(85)ゲーム本編では描かれない番外シーンをソフト化したもの。キャラクターシーンが特化されたものが多い。
(86)ゲームのフローチャート上の分岐のこと。
(87)キャッチコピーは「君のいない世界なんていらない」。
(88)二〇〇九年に発売されたPlayStation 2用女性向けゲームソフト。
(89)アイデアファクトリーグループの女性向けゲームブランド。アイディアファクトリーは一九九四年に設立されたゲーム会社。

第四章

(1)特定の作品のファンの反応を計測し、人気度を数値化する産学連携システム。
http://kunoken.strikingly.com/#axis(二〇一七年九月二三日閲覧)
(2)『平成29年度文化芸術振興費による助成対象活動決定』(二〇一七年三月二九日)
http://www.ntj.jac.go.jp/assets/files/kikin/joho/h29/20170329_hojyokin.pdf(二〇一七年九月二二日閲覧)
(3)鷲尾修斗の場合、『CLOCK ZERO』(二〇一三年)で起用されたのち、『STORM LOVER』(二〇一四年)『華ヤカ哉、我ガ一族』(二〇一六年)に、大島崚の場合、『十鬼の絆~関ヶ原紀淡~恋舞』(二〇一三年)『カーニヴァル』(二〇一四年)『STORM LOVER』(二〇一四年)『ハマトラ』(二〇一四年)『CLOCK ZERO』(二〇一四年)『アルカナ・ファミリア』(二〇一六年)で起用されている。
(4)上映中にキャラクターを応援したり、歌を一緒に歌ってもいい前提の興行。

第六章

(1)『映像ソフト市場規模及びユーザー動向調査2016』(二〇一七年四月)
http://jva-net.or.jp/report/annual_2017_4-11.pdf(二〇一七年八月一七日閲覧)

（2）番組を放送時に視聴するのではなく、録画などで都合のいい時に視聴すること。

（3）「Jリーグ観客動員データ年別 FootballGEIST」http://footballgeist.com/audience（二〇一七年九月二一日閲覧）

「プロ野球観客動員リポート ファンを惹き付ける5つの要素 Baseball」（二〇一五年三月七日）http://www.baseball-lab.jp/column/entry/134/（二〇一七年九月二一日閲覧）

（4）「観客は新しい驚きを欲している」いまもっとも〝稼げる〟ノーラン監督、劇場映画への情熱（二〇一七年九月九日）https://news.yahoo.co.jp/feature/742（二〇一七年九月二三日閲覧）

（5）二〇一六年は一一件、二〇一七年九月現在は二三件と倍増している。

（6）「舞台『戦国無双』関ヶ原の章」（二〇一五年）「あずみ　戦国編」（二〇一六年）など。

〈ヤ行〉

〈ラ行〉

〈ワ行〉

〈マ行〉

〈ハ行〉

〈ナ行〉

〈タ行〉

〈サ行〉

〈カ行〉

索　引

〈初出〉

4章「2．事業予算、コンテンツ制作予算解説」は『文京学院大学経営論集』第二四巻第〇一号（二〇一四年一二月刊行）に掲載した「アニメライブのビジネス構造について」を再録、補稿したものである。

著者

公野 勉
Tsutomu Kuno

1967年生まれ。映画プロデューサー。文京学院大学経営学部教授、日本大学法学部新聞学科講師。元東京大学大学院情報学環特任准教授。円谷プロダクション、東北新社で制作事業、ギャガ・コミュニケーションズでの配給事業の後、日活の配給・製作担当取締役、GONZOデジタル映画配給担当、タツノコプロダクション取締役。現在、大学にてコンテンツ産業リノベーションのための研究室を開設。製作作品に『鮫肌男と桃尻女』『バトル・ロワイアルⅡ』『レディ・ジョーカー』『ユメ十夜』『GAMBA ガンバと仲間たち』など。製作参加作品に『輪廻』『劇場版デュエル・マスターズ 黒月の神帝』『劇場版ポケットモンスター　幻影の覇者ゾロアーク』など。

著書に『コンテンツ製造論』『白組読本』（以上、小社刊）

本書の出版は文京学院大学出版助成による

ライブエンターテイメントへの回帰
映像から二・五次元へ　アニメライブミュージカル概論

2018年4月20日　第1刷発行

著者　公野 勉
発行所　株式会社 風塵社

〒113－0033　東京都文京区本郷3－22－10
TEL 03-3812-4645　FAX 03-3812-4680

印刷：吉原印刷株式会社／製本：株式会社鶴亀製本／装丁：中村壮志

††† 公野 勉の本 †††

コンテンツ製造論

A5版ソフトカバー、442ページ、本体価格2800円＋税

ISBN978-4-7763-0065-6

黒崎徹也（ＴＯＨＯシネマズ常務取締役）／小林裕幸（カプコンプロデューサー）／古川公平（講談社取締役）／鵜之澤伸（アニメコンソーシアムジャ パン代表取締役）／豊島雅郎（アスミック・エース取締役）／植村伴次郎（東北新社最高顧問）／内田健二（サンライズ代表取締役会長）／石田雄治 （日活企画製作部エグゼクティブプロデューサー）／白倉伸一郎（東映取締役）／円谷粲（元円谷ドリームファクトリーエグゼクティブプロデュー サー）――10人へのインタビューと３本の論考で構成する、コンテンツ産業の現状と提言。

映画、ゲーム、出版、アニメ、テレビ――
COOL JAPANを築き上げた産業はどこへ向かうのか？
プロデューサーの視点で語る未来像！

白 組 読 本

A5版ソフトカバー、366ページ口絵別帖、本体価格2500円＋税

ISBN978-4-7763-0068-7

創立40年を越えた株式会社白組。手描きのアニメーションから発してＣＭ制作で名を馳せ、VFXのスタジオでありながら映画を撮り、ついにIPビジネスに挑戦するまでに成長してきた。その島村社長をはじめとする白組スタッフ７名と外部プロデューサー３名へのインタビューを中心に、白組の創作の秘密に迫る。山崎貴、岩本晶、八木竜一といった人気映画監督に通底している島村イズムとはなにか。ヒット作品の背景を語る。

『ALWAYS 三丁目の夕日』『永遠の０』
『STAND BY ME ドラえもん』『鎌倉ものがたり』
日本映像業を牽引するトップ映像制作集団の全貌が明らかに！